südwest

Christel Preuß

KLOPF AKUPRESSUR

Mit EFT Energieblockaden lösen

Inhalt

Mit der Klopfakupressur können Sie nicht nur sich selbst, sondern Ihrer ganzen Familie helfen.

Bei der Klopfakupressur werden Energieblockaden gelöst durch die Berührung des Körpers in Verbindung mit der gedanklichen und emotionalen Einstellung.

Bei der Klopfakupressur ist es wichtig, zum Kernpunkt des Problems, das Sie beschäftigt, zu gelangen.

Auch für Kinder ist die Klopfakupressur geeignet. Nach einer gewissen Zeit der Anleitung können sie sie auch selbst durchführen.

Vorwort

Die Autorin, Christel Preuß, hat in Seminaren bei mir vor Jahren EFT kennen gelernt und mit großem Engagement umgesetzt. Aus ihren vielfältigen Erfahrungen hat sie ein Buch verfasst, das ›handgreiflich‹ beschreibt, wie man diese Methode selbst anwenden kann.

Das Alte ist der Feind des Neuen, heißt es in der Wirtschaft. Hier ist ein Buch mit Neuem. Der Inhalt ist für uns meist so neu, dass in unseren Denkarsenalen gleich heftige Geschütze aufgefahren werden, um die neu angekommenen Gedanken fertig zu machen. Sie passen nicht in die vorhandenen Kammern. Also können sie auch nicht richtig sein und funktionieren. Und dann breitet sich bei manchen Zeitgenossen ein süffisantes Lächeln über das ganze Gesicht aus. Denn es gibt doch eine Schublade, wo man(n) das unterbringen kann. Auf der Lade steht: Suggestion, Schwindel, Quacksalberei.

Diese Äußerungen hörte ich auch in den vergangenen Jahren, als die drei Buchstaben EFT noch unbekannt waren hierzulande; insbesondere von hoch ausgebildeten KollegInnen aus den Heilberufen. Da kann man auch verstehen, warum solch kräftige Abwertung notwendig ist. Haben sie doch – wie ich auch – viele Jahre und noch mehr Geld in ihre Ausbildung gesteckt. Und da kommt nun jemand und zeigt einen Weg der Heilung, wie auch ›Unstudierte‹ sich helfen können bei der Auflösung von emotionalen Schwierigkeiten, die die Qualität des Lebens äußerst negativ beeinflussen können.

Und mit dieser Methode mit den drei Buchstaben EFT soll es möglich sein, sich von seelischen, emotionalen, ja sogar auch von physischen Lasten zu befreien? Und das noch im Alleingang? Ich ermutige alle Leser, die folgenden Kapitel, die aus breiter Erfahrung heraus verfasst wurden, mit offenen Gedanken aufzunehmen und anzuwenden. Sie werden oft mit Staunen erfahren, wie der Kosmos unseres Innenlebens sich neu formieren und innere Freiheit einkehren kann.

Dr. phil., Dipl. Theol. Rudolf A. Kaufmann, Virginia, USA,
Lehrtherapeut für Systemische Familientherapie und EFT

Erste Begegnung

Februar 2000. Ich sitze mit 14 Kolleginnen und 4 Kollegen in einem Kurs des letzten Fortbildungslevels zur systemischen Familienberaterin. Ein Kollege kann weder den Ausführungen unseres Dozenten, Herrn Dr. Kaufmann, folgen noch gemeinsam mit uns in Kleingruppen arbeiten. Er leidet unter starken Kopfschmerzen. Die bereits eingenommenen Medikamente helfen kaum. In seiner unnachahmlich humorvollen Art fragt Dr. Kaufmann ihn, ob er ihm in der nächsten Pause ein wenig Zeit schenken würde, er könne »da mal was probieren, bei den Kopfschmerzen anklopfen«. Meinem Kollegen war vermutlich alles recht, was die unerträglichen Schmerzen lindern würde, und er willigte ein.

Ziel meiner Teilnahme an einer Fortbildung im Bereich »Emotional Freedom Techniques« war ursprünglich, meinen Klienten eine weitere Behandlungsmöglichkeit anbieten zu können. Nicht im Entferntesten hatte ich daran gedacht, dass ich selbst eine tiefgreifende Veränderung erfahren sollte.

Verblüffender Erfolg

In der nächsten Pause standen beide etwas abseits, und wir beobachteten, wie Dr. Kaufmann im Gesicht, an Oberkörper und Händen bei unserem Kollegen »klopfte«. Das Ganze dauerte nur etwa zehn Minuten, und das Erstaunlichste war, dass die Kopfschmerzen anschließend fast verschwunden waren – und zwar dauerhaft – und unser Kollege wieder am Unterricht teilnehmen konnte. Für ihn war es »ein Wunder«; mich hatte es so neugierig gemacht, dass ich mich im Mai 2000 spontan für die berufliche Fortbildung in »Emotional Freedom Techniques« (EFT oder Energiefeld-Therapie) anmeldete.

Am konkreten Problem

Unser Dozent, Dr. Rudolf Kaufmann, führte uns in die Thematik ein; wir sollten ein persönliches Thema ansprechen. Bis zu diesem Zeitpunkt hatte ich aufgrund stechender Schmerzen im Schultergelenk seit mehr als zehn Jahren keine Nacht mehr durchgeschlafen. Ich ent-

schloss mich, die so genannte Klopfakupressur, eine Methode der Energiefeld-Therapie, gleich an diesem Problem auszuprobieren. Medikamente, Spritzen, Massagen und andere »herkömmliche« Therapien hatten bisher nur eine kurzfristige Linderung gebracht.
Ich hatte keinerlei Erwartungshaltung, doch meine Reaktion während des Klopfens war sehr intensiv: Ich bekam weiche Knie, der Schmerz fing sofort an zu »wandern«. Nach mehreren Behandlungsabfolgen löste er sich sogar auf. Ich war überwältigt von dem Ergebnis und fragte mich, was da passiert war. Wie lange würde die Schmerzfreiheit wohl anhalten? Hatte ich mich mit positiven Gedanken vielleicht nur kurzfristig selbst manipuliert? Meine Energie, die Gedanken und Gefühle waren stark ins Schwanken gekommen. Freude mischte sich mit Angst, Skepsis und Neugier.

Langfristige Linderung

Die Energiefeld-Therapie beinhaltet neben der Methode der Klopfakupressur auch Elemente der Hypnotherapie und des Neuro-Linguistischen Programmierens (siehe S. 27ff.).

Ich möchte erwähnen, dass der Schulterschmerz zunächst wiederkam – doch nach vier Wochen Selbstbehandlung war er aufgelöst, und ich schlief durch. Bei besonderen Anstrengungen waren auch weiterhin Arztbesuche nötig, da eine Verkalkung an der Sehne zu Reizungen und unerträglichen Schmerzen führte. Seit längerer Zeit

Vorteile der Energiefeld-Therapie

- **Sanftes Auflösen von Energieblockaden**
- **Effektive Ergänzung schulmedizinischer Therapien**
- **Ohne schädliche Nebenwirkungen**
- **Anwendung bei jedem Problem; es gibt keine »Tabu-Themen«**
- **Für jeden leicht zu erlernen**
- **Schnelle Hilfe und dauerhafter Erfolg**
- **Mehr Lebensfreude durch Schmerzfreiheit**

benötige ich jedoch keine ärztliche Behandlung mehr. Äußerst selten sind noch Schmerzen da, die ich aber sofort selbst »wegklopfe«. Dieses positive Eigenerlebnis hat mich derart von der Methode überzeugt, dass ich sie seitdem im Rahmen vieler Seminare unterrichte – gerade auch für Selbstanwender. In meiner therapeutischen Arbeit und bei mir selbst wende ich die Klopfakupressur fast täglich an (siehe dazu auch »Anwendungsgebiete«, S. 44ff.).

Belasten Sie sich nicht mit zu viel theoretischem Überbau. Probieren Sie die Klopfakupressur einfach aus – Sie werden verblüfft sein!

Ziel des Buches

Mit diesem Buch möchte ich vor allem eins: Mut machen. Mit der Energiefeld-Therapie haben Sie ein Werkzeug an der Hand (im wortwörtlichen Sinn), mit dem Sie psychische und psychosomatische Probleme lösen können. Das Buch ist eine Anleitung zur Selbsthilfe. Die Zusammenhänge des Energiefeldes werden erklärt, ebenso wie die Technik des Klopfens selbst. Zusätzliche Tipps sollen Ihnen helfen, wenn Sie einmal nicht weiterkommen. Falls Sie selbst keine Verbesserung herbeiführen können, sollten Sie die Hilfe eines erfahrenen Therapeuten in Anspruch nehmen.

Ein Dankeschön

Dass dieses Buch geschrieben wurde, ist Jürgen, meinem verstorbenen Mann, und meinem Sohn Simon zu verdanken. Sie waren die ersten Klienten, die ich mit der Energiefeld-Therapie behandelt habe – bei beiden mit großem Erfolg. Jürgens Migräne war nach einem halben Jahr »weggeklopft«, die allergischen Reaktionen auf Birkenpollen bei meinem Sohn waren deutlich zurückgegangen. Beide haben mich immer wieder gedrängt, diese wunderbare Methode allen Interessierten bekannt zu machen.

Christel Preuß

Der Mensch bildet eine Einheit aus Körper, Geist und Seele. Probleme sollten deshalb nie isoliert betrachtet, sondern immer gemeinsam behandelt werden.

Energetische Psychologie

– der Mensch als Ganzheit

Die Grundlagen – Traditionelle Chinesische Medizin

So schrecklich der Zweite Weltkrieg war, er hatte auch eine positive Folge: In den Ländern der westlichen Hemisphäre erfuhr man von einer bis dahin völlig unbekannten Behandlungsmethode, die sich erheblich von der klassischen Schulmedizin unterschied: von der Traditionellen Chinesischen Medizin (TCM).

Die Soldaten erlebten an den Kriegsschauplätzen des Fernen Ostens, dass Schmerzen behandelt oder Menschen operiert wurden und die Behandlung oder Betäubung mittels Nadeln erfolgte, die »irgendwo« in den Körper gesteckt wurden. Damals war die Methode ein Rätsel, heute ist sie unter dem Begriff »Akupunktur« weithin bekannt und nach mehr als fünf Jahrzehnten Erfahrung, Erforschung und Auswertung endlich auch in der westlichen Welt so akzeptiert, dass viele – auch gesetzliche – Krankenkassen die Bezahlung einer entsprechenden Behandlung übernehmen.

Die Lebensenergie Chi ist in allen östlichen Philosophien bekannt, nicht nur in der Traditionellen Chinesischen Medizin. Im Hinduismus wird sie als Prana, im Zen-Buddhismus als Ki bezeichnet, und die Indianer Nordamerikas nennen sie Wakan Tanka.

Akupunktur und Akupressur

Die Traditionelle Chinesische Medizin beobachtet die Körperreaktionen, ablesbar am so genannten Qi (der Lebensenergie oder Lebenskraft): Ist das Qi in Harmonie, ist der Mensch gesund; ist das Qi in Disharmonie, ist der Mensch krank. Und mehr noch: Die Disharmonie des Qi ist die Krankheit selbst. Während die westliche Schulmedizin nach organischen Veränderungen sucht, fragt die chinesische Medizin: Wo ist die energetische Entgleisung? Die Diagnoseverfahren hierfür sind vielfältig und unterscheiden sich deutlich von denen der westlichen Schulmedizin.

Ineinanderspiel vieler Bereiche

Die TCM setzt auf Vorbeugung und Eigenverantwortlichkeit; ihr Ziel ist es, sich selbst gesund zu erhalten. Sie betrachtet den Körper des Menschen, seine Gedanken und seine Gefühle immer im Zusammenhang mit seinem sozialen Umfeld und der Natur. Dabei stehen ihr mehrere Heilmethoden zur Verfügung, die aufeinander aufbauen und sich vom Allgemeinen ins Besondere immer weiter verzweigen. Wer also einen konkreten Schmerz hat, sollte zu dessen Heilung immer auch die gesamte Lebensweise, von der Ernährung bis hin zur generellen Lebenseinstellung, mit in Betracht ziehen:

- Positive Lebenseinstellung und Meditation zur gedanklichen und emotionalen Stimulierung der Energiebahnen
- Tai Chi als festgelegte Choreografie aus dem Qi Gong zur Vorbeugung von Krankheiten durch Stimulierung der Energiebahnen
- Qi Gong als Heilmethode und systematische Übungstechnik zur Vorbeugung und Heilbehandlung durch gezielte Stimulierung der Energiebahnen
- Ernährung als Vorbeugung und Heilbehandlung
- Heiltees / Heilkräuter zur Vorbeugung und Heilbehandlung
- Akupressur / Klopfakupressur als gezielte eigene Heilbehandlung oder Behandlung durch einen Mediziner bzw. Therapeuten
- Akupunktur als gezielte Heilbehandlung durch einen Mediziner

Den Menschen in der westlichen Welt fällt es oft schwer, das Chi in seiner Gesamtheit zu begreifen, da es scheinbar unzusammenhängende Bereiche miteinander verbindet.

Die Lebensenergie Qi

Der Begriff »Qi« hat sehr viele Bedeutungen. Es ist der zentrale Begriff in der chinesischen Philosophie und Medizin. Vereinfacht ausgedrückt handelt es sich beim Qi um eine feinstoffliche Substanz: um Atem, Geruch, Gas, Luft, Energie, Gedanken, Gefühle, physische und psychische Erinnerungen und Lebenskraft.

Das Qi spüren

Es ist nicht so, dass Menschen, denen der Begriff »Qi« unbekannt ist, Qi nicht kennen würden. Alle Menschen haben Qi erfahren. Eine deutlich sichtbare Qi-Wahrnehmung gibt es beispielsweise in dem Moment, in dem Babys sich unwillkürlich schütteln, nachdem sie beim Wickeln Wasser gelassen haben. Eine andere zu beobachtende, nicht beeinflussbare Qi-Erfahrung ist das Aufkommen von zärtlichen Gefühlen und sexueller Erregung. Werden wir beispielsweise an der Fußsohle oder im Nacken gestreichelt, hat dies eine Auswirkung auf den gesamten Körper: Wir bekommen eine Gänsehaut, es entsteht Wärme oder Feuchtigkeit. Das Gleiche gilt auch für das Gähnen: Meist bewegt sich dabei der gesamte Oberkörper mit, die Augen werden feucht.

Diese Qi-Bewegungen sind auch zu spüren, wenn wir uns aufregen – wir bekommen Schweißausbrüche, einen roten Kopf, unser Herzschlag wird schneller –, wenn uns bei großer Schwüle oder Hitze der Schweiß aus allen Poren läuft oder wenn uns Kälte bis ins Mark durchdringt.

Auf Seite 17 finden Sie eine Übersicht über die Meridianpunkte sowie über ihre organischen und emotionalen Verbindungen.

Energiefluss im Körper

Durch unseren Körper zieht sich ein System aus Leitbahnen, die so genannten Meridiane, in denen das Qi fließt. Jeder dieser Meridiane durchläuft ein bestimmtes Organ, die Meridiane selbst kreuzen sich und sind miteinander verbunden.

Obwohl die Meridiane nicht wissenschaftlich nachweisbar sind, arbeiten die Chinesen aufgrund der Beobachtungen, die sie gemacht haben, seit Jahrtausenden mit ihnen. Auf den Meridianen liegen bestimmte Reizpunkte, die bei einer energetischen Entgleisung (im westlichen Jargon würde man sagen: bei einer Krankheit) durch Klopfen, Drücken, Reiben, Bewegung oder Akupunkturnadeln stimuliert

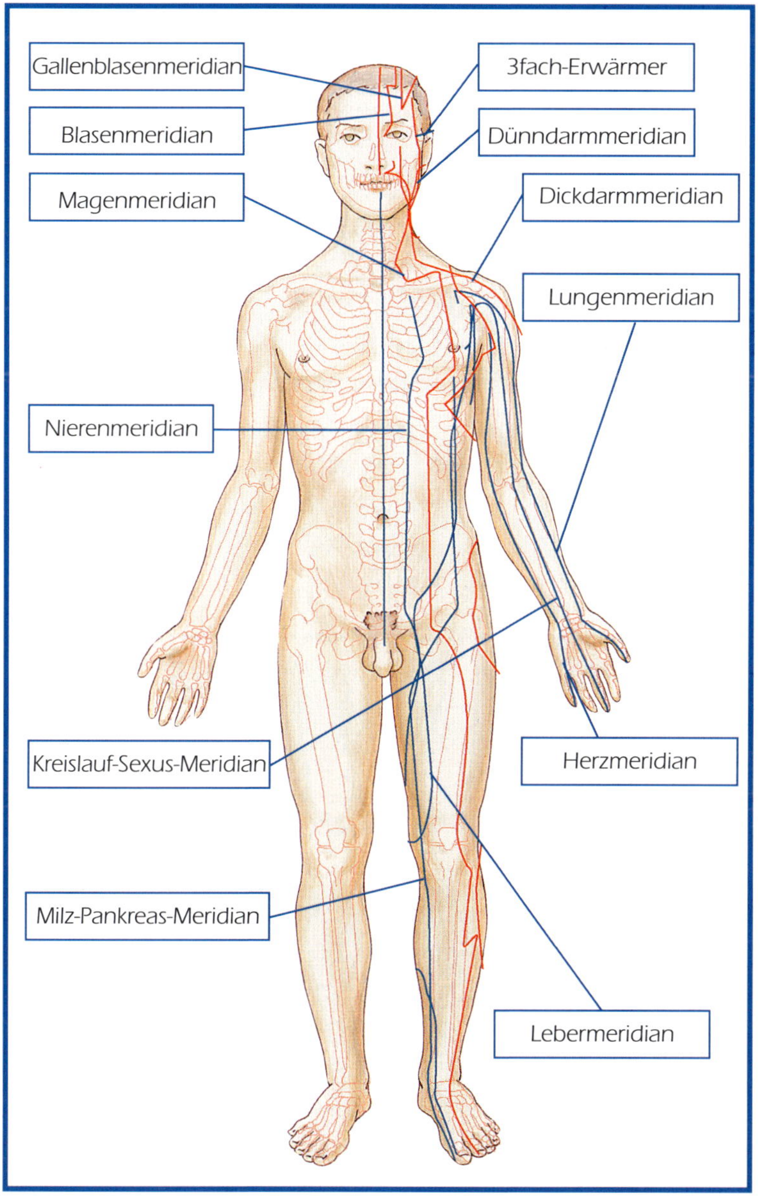

Die Meridiane verlaufen auf beiden Seiten des Körpers, der Übersichtlichkeit halber ist hier nur eine Seite dargestellt. Auch geklopft wird nacheinander auf beiden Körperseiten.

und wieder harmonisiert werden können. Durch das Stimulieren der Akupunktur- bzw. Akupressurpunkte soll in erster Linie die Energie wieder in Fluss kommen.

Die zwölf Hauptmeridiane

Die Meridiane verlaufen in Längsrichtung auf beiden Seiten des Körpers. Sie sind untereinander verbunden, durch sie wird das Qi in alle Teile des Körpers transportiert. Es gibt zwölf Hauptmeridiane, die jeweils einem Organ zugeordnet sind. Auf den Meridianen liegen Punkte, die gezielte Reize auf Organe, Gefühle und Gedanken auslösen. Insgesamt sind rund 50 Energiebahnen und mehr als 800 Reizpunkte bekannt. Werden diese Punkte durch Drücken, Reiben, Klopfen oder den Einstich mit Akupunkturnadeln stimuliert, lassen sich Energieblockaden lösen, und die Energie kann wieder frei fließen.

Die genaue Lage der in der nebenstehenden Tabelle genannten Klopfpunkte finden Sie auf den Seiten 63ff.

- Der Lungenmeridian hat eine wichtige Entgiftungsfunktion.
- Der Dickdarmmeridian fördert nach der TCM auch die seelische Entwicklung des Menschen.
- Der Magenmeridian beeinflusst neben dem Magen auch den Darm.
- Der Milz-Pankreas-Meridian ist für das Gleichgewicht der Körperflüssigkeiten zuständig.
- Der Herzmeridian reguliert die Herz-Kreislauf-Funktion.
- Der Dünndarmmeridian wirkt auf den gesamten Darm und ist für die seelische Harmonie zuständig.
- Der Blasenmeridian regelt u. a. auch den Hormonhaushalt.
- Der Nierenmeridian beeinflusst die Energieversorgung aller Organe.
- Der Kreislauf-Sexualität-Meridian wirkt sich besonders stark auf die Seele aus.
- Der Dreifach-Erwärmer-Meridian hat eine allgemeine Schutzfunktion.
- Der Gallenblasenmeridian beeinflusst auch die Psyche.
- Der Lebermeridian reguliert auch die Verdauung.

Die Meridianpunkte nach J. Diamond

Klopfpunkt	Meridian	Negative Gefühle	Positive Gefühle
1 AB	Blase	Unruhe, Ungeduld, Frust	Harmonie, Frieden
2 SA	Gallenblase	Wut, Depression, Verzweiflung, Hoffnungslosigkeit, Einsamkeit	Hoffnung, Leichtigkeit, Liebe
3 JB	Magen	Angst, Bitterkeit, Enttäuschung, Gier, Ekel, Übelkeit	Zufriedenheit, Ruhe
4 UN	Lenker- / Gouverneursgefäß	Verlegenheit	Gesunder Stolz
5 UL	Konzeptionsgefäß	Scham	Gesunder Stolz
6 SB	Nieren	Angst, sexuelle Unentschlossenheit	Innere Ruhe, sexuelle Sicherheit
7 UA	Milz / Pankreas	Angst vor der Zukunft	Sicherheit, Zuversicht, Vertrauen in die Zukunft
8 RP	Leber	Unglücklichsein	Glücklichsein
9 DP	Lunge	Vorurteile, Intoleranz, Geringschätzung, Verachtung	Demut, Toleranz, Einfachheit
10 ZF	Dickdarm	Schuldgefühle	Selbstwertgefühl
11 MF	Kreislauf, Sexus	Bereuen, Eifersucht, Reue, sexuelle Spannung, Starrsinn	Loslassen der Vergangenheit, Entspannung, Großzügigkeit
12 KF	Herz	Zorn, Ärger	Liebe, Vergebung
13 HK	Dünndarm	Traurigkeit, Kummer, Sorge	Freude, Glück
14 SP	3fach-Erwärmer	Depression, Trauer,	Hoffnung, Leichtigkeit
	Schilddrüse	Verzweiflung, Einsamkeit	Beschwingtheit

Emotional frei ist nicht, wer schmerz-
volle Erinnerungen verdrängt, sondern
wer Schmerz und Erinnerung trennt.

Emotionale Freiheit

– die Energiefeld-Therapie

Eine neue Therapie entsteht

Die Erkenntnis, dass das Qi Körper und Psyche beeinflusst und umgekehrt Körper und Psyche Einfluss auf das Qi haben, macht sich auch die energetische Psychologie zunutze. Ihre Anfänge reichen in die Zeit zu Beginn der 1960er-Jahre zurück. Damals begann Dr. George Goodheart, ein Chiropraktiker aus Detroit, seine Patienten ganzheitlich zu behandeln, indem er zur Schmerzlinderung auch verschiedene Akupunkturpunkte klopfte – der Anfang der Klopfakupressur. Eine Weiterentwicklung der Methode fand 1985 statt, als der amerikanische Psychiater John Diamond und unabhängig von ihm zum gleichen Zeitpunkt der amerikanische Psychologe Dr. Roger Callahan auch psychische Probleme mit der Klopfakupressur behandelten. Sie stellten fest, dass emotionale Probleme wie Phobien, Ängste und Traumata mit dieser Methode aufgelöst werden konnten.

An die Klopfakupressur muss man nicht glauben, damit sie wirkt. Auch bei ausgesprochenen Skeptikern konnten damit schon ganz erstaunliche Erfolge erzielt werden.

Erste Erfolge

Dr. Callahan berichtet in seinem Buch *Leben ohne Phobie* (siehe S. 158), dass sein erster Fall mit dieser neuartigen Behandlungsweise eine Frau war, die die meiste Zeit ihres Lebens an einer Wasserphobie gelitten hatte. Als sie zu ihm kam, klagte sie über häufige Kopfschmerzen und hatte schreckliche Albträume, beides in Verbindung mit ihrer Angst vor Wasser.

Jahrelang konnte ihr nicht geholfen werden. Eineinhalb Jahre war sie auch schon bei Dr. Callahan in Behandlung – ohne wesentlichen Erfolg. Daraufhin verließ er die üblichen Behandlungswege und wandte die von ihm entwickelte »Thought Field Therapy« an: Er klopfte leicht mit den Fingerspitzen unter ihren Augen, dem Endpunkt des Magenmeridians, während die Patientin von ihrer Wasserphobie sprach. Diese Behandlung dauerte nur etwa eineinhalb Minuten – dann klagte die Patientin über Unwohlsein im Magen und erklärte zur beiderseitigen Überraschung, dass die Phobie weg sei. Dr. Callahan konnte es kaum glauben und führte sie als Test an einen Swimmingpool; sie begann, sich Wasser ins Gesicht zu spritzen. Die Angst vor Wasser und die Kopfschmerzen waren wie weggeblasen, ebenso wie die Albträume.

Nicht nur bei körperlichen Beschwerden, sondern auch bei psychischen Problemen wie etwa der Angst vor Wasser erzielt die Anwendung der Klopfakupressur erstaunliche Erfolge.

Gezielter Einsatz der Methode

Solch schnelle Resultate sind in der Psychotherapie selten – bei EFT kommen sie immer wieder vor. Dr. Callahan setzte die Methode immer häufiger ein; er vermutete zunächst, dass es sich um einmalige Ereignisse, um eine Art Placebo-Effekt handelte, bei dem eine Besserung eintritt, weil die Patienten an die Heilkraft des Mittels oder der Methode glauben. Dr. Callahan behandelte jedoch auch Patienten, die sich während des Klopfens über die Methode lustig machten und sie anzweifelten. Auch hier lag die Erfolgsquote bei erstaunlichen 85 Prozent. Es ist bis heute nicht restlos erklärbar, warum die Energiefeld-Therapie wirkt. Doch wir können uns ihre Wirkung Tag für Tag zunutze machen.

»Thought Field Therapy«

Dr. Callahan veröffentlichte seine Erfahrungen und Ergebnisse; auf diese Weise wurden auch andere Therapeuten auf die neue Methode aufmerksam. Er bot Fortbildungen an. Seine Schüler Fred Gallo und Gary Craig setzten den Ansatz Callahans um und entwickelten eine leicht verständliche Theorie, die auch Laien den Zugang ermöglichte. Sie bildeten Interessierte, Therapeuten, Ärzte und Coaches aus; heute wird das Verfahren weltweit eingesetzt.

Emotional Freedom Techniques

Der aus den USA stammende Ingenieur Gary Craig erkannte vor mehr als 40 Jahren, dass die Lebensqualität unmittelbar mit der gefühlten Gesundheit zusammenhängt. Fühlt sich der Mensch subjektiv gesund, hat er auch Selbstvertrauen – und Selbstvertrauen ist der Motor für Erfolg in allen Lebensbereichen. Fortan beschäftigte sich Craig mit der Psychologie. Er erlernte die Methode des Neuro-Linguistischen Programmierens (NLP). Diese Fortbildung schloss er mit dem Master-Grad ab; anschließend war er in den Bereichen seiner wahren Leidenschaft tätig: als Coach für persönliches Wachstum.

Das Manual von Gary Craig, seine Handreichung zu den Emotional Freedom Techniques, finden Sie im Internet in englischer Sprache unter www.emofree.com.

Eine Technik, keine Therapie

Gary Craig ist kein Therapeut. Aus diesem Grund nennt er die Methode »Techniques« und nicht »Therapy«. Zunächst stand er der neuen Methode sogar skeptisch gegenüber. Doch die Erfolge, die damit

EFT im Internet

www.emofree.com **– Gary Craig**

www.energiefeld-therapie.de **– Christel Preuß**

www.eft-info.com **– Robert Rother**

www.eft-netzwerk.de **– Energiefeld-Therapie-Netzwerk International (E.N.I.)**

www.eft-dach.org **– deutschsprachige Therapeuten in Europa**

erzielt werden konnten, überzeugten ihn nachhaltig, und er wurde gewissermaßen missionarisch tätig: Er begann, bei Kriegsveteranen in den USA mit den Emotional Freedom Techniques zu arbeiten. Mit herkömmlichen Methoden stellte sich bei ihnen keine Besserung ein, mit EFT konnten sie jedoch innerhalb kürzester Zeit von schweren Traumata befreit werden. Der einzige »Lohn«, den Gary dafür wollte, war es, die Sitzungen auf Video festhalten zu dürfen.

Für Interessierte gibt es einen regelmäßigen Newsletter mit den neuesten Informationen zu den Emotional Freedom Techniques. Die Anmeldung dazu erfolgt im Internet über die Homepage Gary Craigs.

Die Energiefeld-Therapie kommt nach Deutschland

Der bereits erwähnte Dr. Rudolf Kaufmann (siehe S. 6f.) ist ein Schüler von Gary Craig. Er war einer der Ersten, die Informationen über die neue Methode der Emotional Freedom Techniques aus den USA nach Deutschland brachten. Als Übersetzung des Begriffs wählte er Energiefeld-Therapie.

In Deutschland erlernte ich wiederum als eine der Ersten die Methode von Dr. Kaufmann. Mittlerweile gibt es viele Menschen mit einer entsprechenden Ausbildung, die im Energiefeld-Therapie-Netzwerk International (E.N.I.) vermittelt wird. Die Ausbildungskriterien stimmen mit denen von Gary Craig überein. Im Mai des Jahres 2005 haben sich weitere Kolleginnen und Kollegen aus dem deutschsprachigen Raum, die ebenfalls nach den Richtlinien Gary Craigs arbeiten, zu der Organisation EFT D.A.CH. zusammengeschlossen (D für Deutschland, A für Austria, d. h. Österreich, und CH für Schweiz). Uns allen ist daran gelegen, EFT zu verbreiten, die ethischen Richtlinien, die Auswertung und die Qualitätssicherung einzuhalten sowie Fort- und Weiterbildungen anzubieten. Wir treffen uns einmal jährlich, die Arbeitsgruppen häufiger. Diese Entwicklung zeigt, wie innerhalb von

Negative Emotionen wie Ängste, Depressionen oder Schuldgefühle blockieren uns – nicht nur im übertragenen Sinne, sondern auch wortwörtlich dadurch, dass sie den Energiefluss im Körper unterbrechen.

wenigen Jahren aus etwas völlig Exotischem eine immer anerkanntere Behandlungsmethode geworden ist. Die hohe Erfolgsquote und der ständige Informationsaustausch von Kollegen auf der ganzen Welt, der über die Website Gary Craigs erfolgt, trägt maßgeblich dazu bei.

Das englischsprachige Originalzitat finden Sie im »Manual« von Gary Craig zum Downloaden unter www.emofree.com/downloadeftmanual.htm.

Energieblockaden als Ursache negativer Emotionen

Kurz und bündig bringt Gary Craig auf den Punkt, warum die Emotional Freedom Techniques wirken – auf dieser Erkenntnis beruht die gesamte Methode:

> **»Der Grund für jedes negative Gefühl liegt in der Unterbrechung des Energiesystems des Körpers.«**

Das Energiesystem des Körpers besteht aus den Energiekanälen, den Meridianen (siehe S. 14ff.). In diesen Kanälen fließt ständig eine geringe elektrische Energie. Dies wissenschaftlich nachzuweisen ist schwierig; Beweise für das Vorhandensein von Elektrizität (d. h. Energie) im Körper sind beispielsweise das EEG (Elektroenzephalogramm) und das EKG (Elektrokardiogramm). Das EEG misst die elektrische Aktivität des Gehirns, das EKG die des Herzes (den Herzschlag bzw. die Herzfrequenz). Wenn diese Energie nicht mehr fließt, sterben wir. Sind die Energiekanäle verstopft, werden wir krank.

Unterbrochen werden kann der Energiefluss durch die Erinnerung an bestimmte negative Erlebnisse bis hin zu Traumata; diese Unterbrechung bewirkt dann Störungen auf der psychischen Ebene wie z. B. Ängste, Depressionen, Trauer, Wut, mangelndes Selbstbewusstsein oder andere unangenehme Gefühle. Auf der körperlichen Ebene können wir mit Schmerzen reagieren.

Wir alle machen schmerzhafte Erfahrungen. Sie gehören zum Leben einfach dazu und sind auch notwendig, um daraus für die Zukunft lernen zu können. Durch die Energiefeld-Therapie manifestieren sich diese Erfahrungen jedoch nicht als dauerhafte Energieblockaden.

Die emotionale Freiheit zurückgewinnen

Jedes traumatische Erlebnis (z. B. ein Hundebiss) hinterlässt eine Wunde im Energiefeld des Körpers. Dazu ein Fallbeispiel:

Jemand macht die unangenehme Erfahrung, von einem Hund gebissen zu werden. Dazu trifft er folgende Aussage: »Immer, wenn ich einem Hund begegne, spüre ich Unruhe, Angst oder einen Fluchttrieb.« Ziel der Behandlung mit der Energiefeld-Therapie ist es nun, die Information (Hundebiss) von der Reaktion (Unruhe, Angst, Fluchttrieb) zu trennen. Konkret bedeutet dies: Der Patient weiß, dass ein Hund ihn gebissen hat. Er fürchtet sich aber nicht mehr vor Hunden, da er sich und dem Energiefeld des Körpers die Information zukommen lässt, dass es sich um einen bestimmten Hund und ein bestimmtes Erlebnis gehandelt hat – er trennt es also vom Hier und Jetzt. Das bedeutet nicht, dass er das Erlebnis aus seiner Erinnerung löscht – schließlich ist jedes Erlebnis auch eine Bereicherung. Er kann sich z. B. erinnern, wie er sich damals verhalten hat, was zu der konkreten Situation führte. Nun kann er daraus neue Verhaltensweisen ableiten, die ihn unterstützen, ihn aber nicht mehr irrational handeln lassen, indem er vor jeder Begegnung mit einem Hund Angst hat.

Freiheit bedeutet nicht das Auslöschen der Erinnerung, sondern die freie Entscheidung, sich ganz bewusst mit einer schmerzhaften Erfahrung beschäftigen zu können – damit sie uns nicht unbewusst im Alltag behindert.

»Emotionale Ordnung« schaffen

Bildlich gesprochen wäre die Situation mit dem Hundebiss vergleichbar mit der Arbeit an einem Schreibtisch: Immer, wenn sich der Patient an seinen Schreibtisch setzt, liegen da jede Menge Seiten mit der Geschichte vom Hundebiss. Er kann mit seiner Arbeit nicht beginnen, die schmerzvolle Erinnerung ist wieder da. Eine Unterbrechung im Energiesystem des Körpers entsteht, das negative Gefühl der Angst, möglicherweise ein Unwohlsein im Magen, Unruhe und Unkonzentriertheit stellen sich ein.

Wird die Energiefeld-Therapie eingesetzt, entwickelt sich das Bild vom Schreibtisch folgendermaßen weiter: Der Patient legt einen Ordner »Hund« mit einem alphabetischen Register an. Beispielsweise unter »Sch« wie Schäferhund legt er anschließend die Seiten mit seinem Erlebnis vom Hundebiss ab. Das Erlebnis ist nun nicht mehr täglich ein Thema, er wird nicht ständig daran erinnert und beschäftigt sich nicht permanent damit. Es ist abgelegt, der Patient hat die emotionale Freiheit zurückgewonnen. Das Qi, die Lebensenergie, kann nun wieder frei fließen. Es bedeutet nicht, dass der Biss aus seiner Erinnerung gelöscht wurde – der Patient hat lediglich die emotionale Freiheit, selbst zu entscheiden, ob er sich mit dem Thema beschäftigen möchte. Dann nimmt er den Ordner und schlägt nach.

Die drei Elemente der Energiefeld-Therapie

Die Energiefeld-Therapie setzt sich aus drei einzelnen Therapieformen zusammen, die miteinander verbunden sind, jedoch nicht zwingend gemeinsam angewendet werden müssen.

Klopfakupressur

Die Klopfakupressur ist ein Element aus der Traditionellen Chinesischen Medizin (siehe S. 12ff.); sie umfasst die Arbeit an den Energieleitbahnen des Körpers, den Meridianen.
Jeder Meridian bedeckt ein beträchtliches Stück Hautoberfläche. Er wird einem Organ und verschiedenen Emotionen zugeordnet. Bei der Klopfakupressur wird die Energieblockade gelöst, indem der Energiefluss angeregt wird. Dazu werden die Reizpunkte der Meridiane rhythmisch geklopft. Nun kann die Energie wieder frei fließen, die innere Balance ist wieder hergestellt.

Die Klopfakupressur ist ein Teil im Gesamtablauf der Energiefeld-Therapie. Am wirkungsvollsten wird sie mit den anderen Teilen zusammen angewendet.

Hypnotherapie

Bei dieser Therapieform handelt es sich nicht um Hypnose, sondern es wird lediglich ein Element daraus genutzt: Man lässt dem durch eine schmerzhafte Erinnerung belasteten Unterbewusstsein eine entlastende Botschaft zukommen. Durch das Reiben eines Punktes im lymphatischen System (des so genannten heilenden Punktes, siehe S. 58f.) und durch die gleichzeitige Benennung des Fokus sowie einer neuen Information hierzu an das Unterbewusste öffnet sich die Bereitschaft zur Veränderung.

Entstehung negativer Gefühle

In seinem »Manual« (siehe S. 22 und 24) veranschaulicht Gary Craig, wie negative Emotionen Schritt für Schritt entstehen. Die Bewusstmachung der einzelnen Schritte ist die wichtigste Voraussetzung dafür, dass die Energiefeld-Therapie in den Teufelskreis eingreifen kann:

- **Schritt 1: Schmerzvolle Erinnerung (z. B. an einen Hundebiss)**
- **Schritt 2: »ZZZT« (Unterbrechung im Energiesystem des Körpers)**
- **Schritt 3: Negatives Gefühl (Unruhe, Angst, Fluchttrieb)**

Um die Wirkungsweise der Energiefeld-Therapie nachvollziehen zu können, ist es wichtig zu verstehen, dass alle Gefühle zunächst wertfrei sind – eine Be- oder Verurteilung entsteht erst durch eine schmerzliche Erinnerung.
Dazu ein weiteres Beispiel: Jemand hat großen Kummer, er ist traurig. Er möchte weinen, weint aber nicht.

- **Schritt 1: Schmerzvolle Erinnerung (z. B. durch anerzogene Werte wie »Ein Indianer kennt keinen Schmerz« oder »Ein Junge weint nicht«**
- **Schritt 2: Unterbrechung im Energiesystem des Körpers**
- **Schritt 3: Negatives Gefühl (z. B. Scham, Wut, Ärger)**

Da meist mehrere »Gefühlsschichten« übereinander liegen, ist es oft nicht einfach, der den Schmerz auslösenden Situation auf die Spur zu kommen. Dazu dient das Fokusfinden und -setzen (siehe S. 75ff.).

Am konkreten Beispiel des Hundebisses bedeutet dies Folgendes: Wahrscheinlich schämt sich der Patient für seine Angst vor jedem Hund und beschimpft sich unbewusst dafür. Bei der Hypnotherapie wird nun dem Unterbewussten die Aussage übermittelt: »Obwohl ich Angst vor jedem Hund habe, liebe und akzeptiere ich mich voll und ganz.« Jetzt existiert die Erlaubnis, Angst haben zu dürfen, sie muss nicht mehr beschämt versteckt werden. Der Vorteil der Therapie ist, dass keine neuen Schmerzen entstehen durch die Auseinandersetzung mit dem Schmerz oder der Angst.

Neuro-Linguistisches Programmieren (NLP)

Die Methode des Neuro-Linguistischen Programmierens ist schon seit längerem bekannt; der Begriff umschreibt eine Technik, bei der ein Zusammenhang zwischen Nerven (neuro) und Sprache (linguistisch) hergestellt wird, um neue Verhaltensmuster im Gehirn abzuspeichern. Die Nerven unserer linken Gehirnhälfte lenken das Geschehen auf der rechten Körperseite, während die linke Körperseite von der rechten Gehirnhälfte mit Nervenreizen versehen wird. Sichtbar wird dies z. B. bei Schlaganfallpatienten: War der Schlaganfall in der rechten Gehirnhälfte, zeigen sich die körperlichen Beeinträchtigungen auf der linken Körperseite.

Einer der wichtigsten Grundsätze des NLP ist, dass Menschen immer auf ihre subjektive Abbildung der Wirklichkeit reagieren und nicht auf die äußere Realität selbst. Das bedeutet, dass man die Reaktion durch eine neue Wahrnehmung der Realität beeinflussen kann.

Zusammenspiel beider Gehirnhälften

Beim Neuro-Linguistischen Programmieren soll durch bestimmte Augenbewegungen (siehe S. 71) sowie durch verschiedene sprachliche Elemente die vollkommene Verbindung beider Gehirnhälften hergestellt werden; festgemacht wird dieses Ergebnis durch einen Berührungspunkt am Körper.

Die Feinabstimmung des Gehirns dient der Verankerung der positiven Veränderung und stellt eine Brücke zwischen Gedanken, Gefühlen und Körper dar. Nun ist die emotionale Freiheit gegeben, zuvor belastende Situationen wieder ohne Einschränkung erleben und leben zu können.

Schmerzen, Gedanken und Gefühle
sind die »Themen« der EFT, die sich
jeweils in verschiedenen Aspekten
zeigen – wie ein Diamant, der von
jeder Seite anders scheint.

Themen und Aspekte

der Energiefeld-Therapie

Schmerz

Mit dem Thema »Schmerz« werden Empfindungen umschrieben, die uns sehr weh tun oder getan haben. Dabei wird zwischen emotionalem Schmerz und körperlichem Schmerz unterschieden. Darüber hinaus hat das Thema noch mehrere Aspekte, der (körperliche) Schmerz kann beispielsweise dumpf oder stechend sein. Bei der Energiefeld-Therapie wird jeweils nur ein Thema und ein Aspekt dieses Themas behandelt; ist der jeweilige Aspekt aufgelöst, zeigt sich manchmal ein weiterer.

Wird also beispielsweise ein stechender Schmerz im Handgelenk behandelt, ist das Thema »Schmerz«, der Aspekt »stechend«. Nach der ersten Behandlung ändert sich der Aspekt. Der Schmerz ist nun vielleicht »unangenehm«. Danach hat er sich aufgelöst, das Thema ist erledigt.

Bei jeder Art von Schmerzen sollten Sie zunächst einen Arzt aufsuchen, damit organische Ursachen ausgeschlossen bzw. behandelt werden können. Auch über eine alternativmedizinische Behandlung sollten Sie Ihren Arzt informieren.

Emotionaler Schmerz

Ein emotionaler Schmerz entsteht dann, wenn wir uns an schmerzvolle Situationen erinnern, beispielsweise daran, wie wir ausgelacht wurden oder uns verlassen, hilflos, ungeliebt, beschämt, dumm, misshandelt, nicht gut oder nicht hübsch genug gefühlt haben. Diese schmerzvolle Erinnerung ist der Auslöser für die Unterbrechung des Energieflusses in unserem Körper.

Körperlicher Schmerz

Zu diesen Schmerzen gehören beispielsweise Spannungskopfschmerzen, Verspannungen im Nacken-, Hals- oder Schulterbereich, ein Juckreiz auf der Haut und Atembeschwerden bis hin zum Asthma

bronchiale – Beschwerden, die oft als psychosomatisch bezeichnet werden. Das bedeutet, dass diese organischen Erkrankungen auf psychischen Störungen beruhen. Sie sprechen auf eine Therapie, die nur die körperlichen Symptome behandelt, wenig oder sogar überhaupt nicht an.
Bei akuten Erkrankungen wie z. B. Fieber, einer Blinddarmentzündung, einem Knochenbruch, Lähmungserscheinungen oder einem Infarkt gilt selbstverständlich, dass eine Heilung nicht durch Klopfen, sondern durch ärztliche Behandlung erfolgt. Es lohnt sich jedoch immer, die in diesen Zusammenhängen auftretenden Gefühle – z. B. die Angst vor einer Operation – mit der Klopfakupressur zu behandeln.

Manchmal schlägt sich ein emotionaler Schmerz auch als körperliche Beschwerde wie z. B. Nackenverspannungen nieder. Hier wirkt die Energiefeld-Therapie besonders gut.

Angst

Bei Angstgefühlen oder gar Angstzuständen unterscheidet man generell zwischen nützlicher Angst und irrationaler Angst, wobei nützliche Angst an eine ganz konkrete, Angst einflößende Situation gekoppelt ist.

Nützliche Angst

Schon unsere Vorfahren kannten als Jäger und Sammler die Angst, wenn es beispielsweise zu einer Konfrontation mit einem großen Tier kam: Der Körper setzt das Stresshormon Adrenalin frei, die

Muskeln spannen sich an, die Schweißabsonderung nimmt zu, die Atmung geht schneller, das Herz klopft und der Pulsschlag erhöht sich. Der ganze Körper wird in Alarmbereitschaft versetzt, um in einer Notsituation angemessen reagieren zu können: mit Flucht, Kampf oder Todstellreflex. Diese Form der Angst ist nützlich.

Ein weiteres Beispiel soll dies verdeutlichen: Der Einwohner einer Kleinstadt macht in einer Weltmetropole wie London, Paris oder Rom Urlaub. Er muss eine dicht befahrene Hauptstraße überqueren, doch die Autofahrer nehmen kaum Rücksicht auf Fußgänger. Selbst bei grünem Signal der Ampel besteht Lebensgefahr, da dieses Signal einfach ignoriert wird.

Bei dem Urlauber stellt sich Angst ein, er fühlt sich »wie auf der Flucht«. Der Körper ist in höchster Leistungsbereitschaft, die Straße so schnell wie möglich zu überqueren. Alle notwendigen Sinne sind hoch aktiviert: Sehen – Wo kommt ein Auto? – und Hören – Welche Geräusche wie beispielsweise Sirenen, Autos aus anderen Richtungen oder Straßenbahnen gibt es noch? In einer solchen Situation gibt der Körper durch die Angst also gewissermaßen sein Bestes, sie dient uns als lebensnotwendiger Selbstschutz.

Von nützlicher Angst ist dann die Rede, wenn die Angst verschwindet, sobald der Anlass vorüber ist. Nützliche Angst muss durch Klopfakupressur nicht behandelt werden, da sie uns hilft und unterstützt.

Irrationale Angst

Bei irrationaler Angst entwickelt man ein selbstbeschränkendes Schutzverhalten, durch das man in seinem Aktionsradius eingeengt wird. Bei verborgenen Ängsten wird darüber hinaus gar nicht in Erwägung gezogen, dass es überhaupt ein Problem gibt.

Für die Arbeit mit der Energiefeld-Therapie ist es unwichtig zu wissen, was hinter Worten oder Verhaltensweisen steckt. Die Energiefeld-Therapie arbeitet von außen nach innen. Wenn mit der Klopfakupressur beispielsweise die Wut auf die unfähigen Autofahrer

Reaktionen auf irrationale Angst

Um beim oben angegebenen Beispiel der Straßenüberquerung zu bleiben, hätte sich die betreffende Person im Falle der nutzlosen, irrationalen Angst mit folgendem selbstbeschränkendem Schutzverhalten einrichten können:

Situation	Äusseres Verhalten	Innere Reaktion
Der Fußgänger redet sich ein: »Was auf der anderen Straßenseite ist, interessiert mich gar nicht.« Oder: »Auf dieser Seite gibt es doch genug zu sehen.«	Ignoranz	Verleugnung der Angst
Der Fußgänger denkt: »Diese Kraftfahrer müssten alle noch einmal zur Nachschulung, die Ausbildung war viel zu ungenau. Erst dann ist eine Straßenüberquerung für Fußgänger möglich.«	Pedantisches Verhalten	Die Fehler der anderen werden gesehen, der eigene Anteil nicht
Direkter Konflikt mit einem der Autofahrer: »Was fällt Ihnen ein, viel zu schnell zu fahren! Ich werde Sie anzeigen, dann können Sie sich für das nächste Jahr eine Busfahrkarte kaufen!«	Aggression	Ausweichen vor der eigenen Angst
Der Fußgänger beobachtet den Verkehr, notiert sich, zu welchen Zeiten eine Möglichkeit besteht, die Straße gefahrloser zu überqueren; legt Tabellen und Listen an.	Zwanghaftigkeit	Angst bleibt verborgen

Bei der Klopfakupressur wird immer zunächst der Aspekt behandelt, der zum gegenwärtigen Zeitpunkt im Vordergrund steht.

angesprochen wird, würde sich nach Auflösung dieser Blockade als nächster Aspekt möglicherweise die Angst, die Straße zu überqueren zeigen.

Ein Thema, verschiedene Aspekte

Wie bereits erwähnt (siehe S. 32) hat ein Thema meist verschiedene Aspekte, die bei der Klopfakupressur nur nacheinander behandelt werden können, jedoch zu dem Ergebnis führen, dass das Thema verschwindet. So kann z. B. die Angst, die Straße zu überqueren, in einer bestimmten Situation begründet liegen, die sich ihrerseits in verschiedenen Aspekten äußert. Angst entsteht immer aus Erfahrungen heraus, die in der Vergangenheit gemacht wurden, ist also nach hinten gerichtet.

War man beispielsweise als Kind einmal Zeuge, wie ein Mitschüler von einem Auto angefahren wurde, hat sich neben dem Thema der Angst, die Straße zu überqueren, als Aspekt wahrscheinlich ein Gefühl der Hilflosigkeit eingestellt oder das Gefühl, nicht alles getan zu haben, was nötig gewesen wäre, um den Mitschüler vom Überqueren der Straße abzuhalten. Werden diese Aspekte durch die Klopfakupressur behandelt, gelangt man zu der Erkenntnis: »Ich war damals ein Kind und konnte nicht anders handeln.« Die Angst ist nun aufgelöst, das Thema verschwunden.

Ein Thema sollte so lange geklopft werden, bis es sich vollständig aufgelöst hat; meist sind dafür mehrere Behandlungen verschiedener Aspekte notwendig.

Phobien

Bei der Phobie handelt es sich um eine unrealistische, unangemessene Angst. Dies ist dem Phobiker bekannt. Er ist beschämt und verlegen. Der Phobiker versucht, das Angst auslösende Objekt (z. B. eine Spinne) zu vermeiden. Dadurch wird sein Leben komplizierter. Infolgedessen zeigt sich eine Störung. Die Symptome einer Phobie ähneln denen der nützlichen Angst, jedoch ist die betreffende Person in ihrer Handlungsfähigkeit eingeschränkt. Es gibt zahlreiche Theorien über die Entstehung von Phobien. Im weitesten Sinne könnte man sagen, dass bei einer Phobie das seelische Immunsystem entgleist; die Folge ist eine Störung der Energieverteilung im Körper.

Durch die Klopfakupressur kann die Blockade, durch die die jeweilige Phobie entstanden ist, gelöst werden; die Phobie wird beseitigt.

Einfache Phobien

Einfache Phobien kann man daran erkennen, dass der betroffene Mensch versucht, anderen weiszumachen, dass sein Verhalten nichts mit Angst zu tun hat. Er wird versuchen, das Problem zu lösen, indem er dem Gegenstand seiner Phobie ausweicht, und sich an seine Phobie anpassen.

Zu den einfachen Phobien zählt beispielsweise die Angst vor bestimmten Tieren wie Spinnen, Mäusen, Hunden, Pferden, Katzen oder Vögeln, vor Ärzten (vor allem vor Zahnärzten) und Krankenhäu-

Phobien – etwa die Angst vor weiten, offenen Räumen – sind meist sehr vielschichtig. Bei konsequenter Anwendung der Energiefeld-Therapie gelangen Sie zum Ursprung des Problems.

sern, aber auch vor räumlichen Gegebenheiten wie beispielsweise vor zu kleinen, geschlossenen Räumen (Klaustrophobie) oder weiten, offenen Plätzen (Agoraphobie).

Zusammengesetzte Phobien

Diese Art von Phobien bestehen aus vielen verborgenen Schichten und möglichen Ängsten. Dazu gehören z. B. die Angst, sich zu verlieben, die Angst vor dem Fliegen, die Angst vor öffentlichen Reden, die Angst vor fremden Menschen oder die Angst, sich anzustecken. Oft werden die Ängste mit Tabletten, Alkohol und Drogen überdeckt. Manchmal wird die Phobie dadurch stärker als zuvor. Sowohl die Einnahme von Medikamenten, Drogen oder Alkohol als auch die stärkere Angst, Beschämung und Verlegenheit kann einen Phobiker davon abhalten, sich seinem Problem zu stellen.

Einfache Phobien können mit der Klopfakupressur der Energiefeld-Therapie in Selbstbehandlung aufgelöst werden. Für zusammengesetzte Phobien ist in der Regel die Unterstützung durch einen erfahrenen Therapeuten oder eine erfahrene Therapeutin erforderlich. Durch die Energiefeld-Therapie gelingt es oftmals in kürzester Zeit, die emotionale Freiheit zurückzugewinnen. Zuvor belastende Situationen können wieder ohne Einschränkung erlebt werden.

Es ist noch nicht genau nachweisbar, warum die Energiefeld-Therapie bei so vielfältigen Problemen wie körperlichen Schmerzen oder Ängsten wirkt. Es lohnt sich auf jeden Fall, es bei jedem Problem mit der Klopfakupressur zu versuchen.

Blockaden

Mit einer Blockade ist die Unterbrechung im Energiesystem des Körpers gemeint – das, was Gary Craig in seinem Manual sehr anschaulich mit einem »ZZZT« kennzeichnet (siehe S. 28). Der Energiefluss ist unterbrochen, da die Energiebahnen, die Meridiane, blockiert sind.

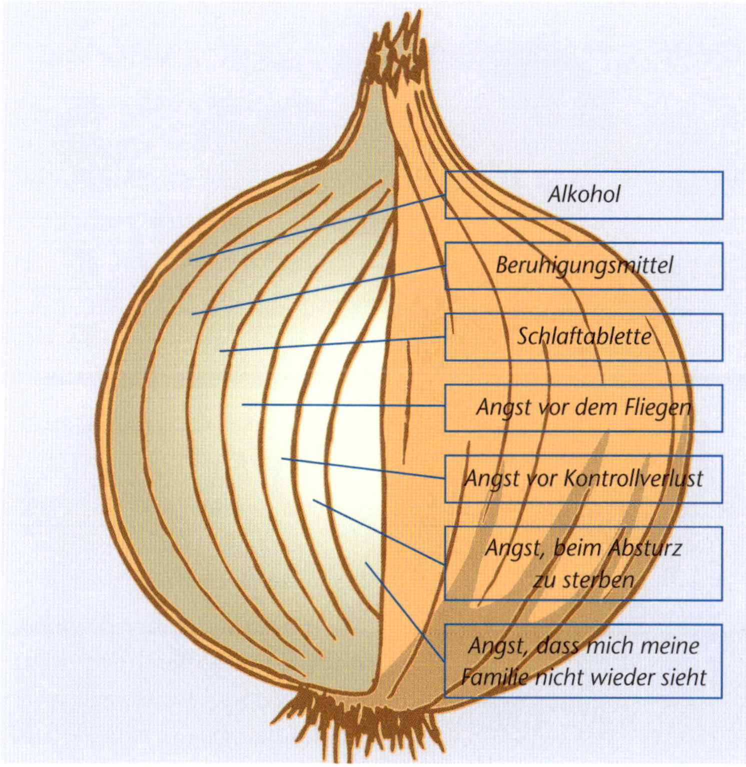

Meist ist es gar nicht so einfach zu erkennen, welche anderen Ängste einer wahrgenommenen Angst zugrunde liegen. Haben Sie Geduld mit sich selbst.

Entstehung der Blockade

Eine Blockade entsteht im Energiesystem des Körpers immer dann, wenn ein Schmerz, eine Emotion uns sehr zu schaffen macht. Um dies wiederum mit einem Bild zu veranschaulichen, kann man sich vorstellen, die zwölf Hauptmeridiane seien zwölf Autobahnen, die über Autobahnkreuze miteinander verbunden sind. Ist beispielsweise am Bremer Kreuz ein Unfall auf der Fahrbahn in Richtung Hamburg geschehen, staut sich dort der Verkehr. Der zu behandelnde Aspekt hieße z. B. » mein stechender Kopfschmerz«. Häufig staut sich durch

Gaffer aber auch auf der Gegenfahrbahn der Verkehr, obwohl dort kein Unfall passiert ist. Der entsprechende Aspekt würde lauten: »mein Ärger, weil ich mit diesem Kopfschmerz das Konzert nicht genießen kann«.

Auflösung der Blockade

Manchmal muss der durch die Gaffer verursachte Stau erst aufgelöst werden, bevor man sich um die eigentliche Unfallstelle kümmern kann. Manchmal wird aber auch zuerst der wirkliche Unfallstau aufgelöst, dann löst sich der »Gafferstau« von selbst auf. Nach dem gleichen Prinzip arbeitet die Energiefeld-Therapie: Manchmal ist es wichtig, sich zunächst um den Ärger zu kümmern, den die Kopfschmerzen ausgelöst haben, manchmal muss man sich umgekehrt erst den Kopfschmerzen selbst widmen.

Einen Ausweg aus einem Teufelskreis zu finden und dadurch neue Perspektiven zu gewinnen ist eines der Hauptanliegen der Energiefeld-Therapie.

Die Blockade bleibt bestehen

Wenn bei Anwendung der Klopfakupressur keine Verbesserung eintritt, ist in der Regel der Aspekt nicht korrekt benannt, was unterschiedliche Ursachen haben kann. In diesem Fall stehen Ihnen weitere Möglichkeiten zur Verfügung, den Aspekt näher einzugrenzen (siehe S. 75ff.).

Grenzen der Selbstanwendung

Die Grenzen für die Selbstanwendung der Klopfakupressur zur Auflösung von Energieblockaden sind dann erreicht, wenn Sie bestimmte Gefühle, Verhaltensweisen und Denkmuster selbst nicht wahrnehmen. Zum einen sind das die so genannten blinden Flecken (siehe S. 43), zum anderen das, was im Unbewussten verborgen liegt (z. B. Traumata). Dies kann bei einer Selbstbehandlung nicht erkannt und benannt werden.

Eventuell ist es im Gespräch mit engen Vertrauten möglich, auf blinde Flecken hingewiesen zu werden. Wenn eine gute Freundin Ihnen beispielsweise sagt: »Mir scheint, es macht dir doch etwas aus, wenn dein Mann jeden Freitag mit den Kollegen ein Bier trinken geht. Stört dich das Biertrinken oder bist du eifersüchtig, weil du gern mit ihm zusammen wärst?«, kann die Energiefeld-Therapie dort wirken. In allen anderen Fällen wird für diese beiden Gebiete therapeutische Unterstützung erforderlich.

Manchmal kann man durch die Behandlung mit der Klopfakupressur auf so genannte blinde Flecken hingewiesen werden: Ist ein Aspekt beseitigt, taucht ein neuer auf, der vorher nicht gesehen werden konnte.

Das »Sprossenfenster«

Die amerikanischen Sozialpsychologen Joseph Luft und Harry Ingham (University of California, 1972) entwickelten zur Darstellung der Selbstkenntnis als grafisches Element ein Sprossenfenster, das so

Prioritäten setzen

Zur Auflösung der jeweiligen Energieblockade muss zuerst die Frage beantwortet werden: Was ist *jetzt* wichtig? Mein Ärger über den Schmerz oder der Schmerz selbst? Die Klopfakupressur behandelt immer zuerst das Wichtigste.

genannte Johari-Fenster (siehe Kasten S. 43). Das offene und das geheime Gebiet kann gut durch eine Selbstanwendung behandelt werden. Beim »blinden Fleck« ist sie eventuell noch möglich, beim unbewussten Gebiet sicherlich nicht mehr. Hier sollte ein Therapeut zurate gezogen werden.

Mit der Selbstbehandlung durch die Klopfakupressur ist es möglich, die Selbstakzeptanz erheblich zu erhöhen. Sie erkennen Ihre Schwachstellen und lernen, sie anzunehmen.

Mangelnde Selbstakzeptanz

Wenn man negative Emotionen wie Schmerzen, Ängste, Phobien, Hilflosigkeit, Hoffnungslosigkeit, Trostlosigkeit oder Trauer verspürt, entstehen meist zusätzlich noch weitere negative Gefühle wie beispielsweise Ärger oder Wut. Diese richten sich oft gegen einen selbst und können selbstzerstörerische Züge annehmen.

Der schärfste Kritiker

Auch hierzu wieder ein Beispiel: Ein Schüler hat fleißig gelernt. Er schreibt trotzdem eine schlechte Arbeit. Er ärgert sich zwar auch über die schlechte Note, vor allem aber ärgert er sich über sich selbst, dass er so viele Fehler gemacht hat. Dies endet meist in Selbstbeschimpfungen wie »Du bist ja auch wirklich zu blöd« oder »So etwas kann auch nur dir passieren«. Die Selbstakzeptanz wird infolgedessen immer geringer, das positive Gefühl »So wie ich bin, bin ich richtig« schwindet allmählich, Selbstvertrauen und Selbstbewusstsein werden schwächer.

Diesen Teufelskreis kann man vor allem mit dem hypnotherapeutischen Element der Energiefeld-Therapie (siehe S. 27ff.) durchbrechen, das die Selbstakzeptanz wieder stärkt. Und erst dann entsteht die Bereitschaft, mittels Klopfakupressur an dem eigentlichen Aspekt zu arbeiten.

Erkenne dich selbst

Offenes Gebiet

Dabei handelt es sich um das bewusste ICH, die Art zu denken, zu handeln und zu fühlen, die uns bekannt ist und die uns frei von Ängsten und Vorbehalten erscheint. Wir können sie öffentlich machen. Hierzu gehört oftmals das, worauf wir bisher eine positive Rückmeldung bekommen haben, beispielsweise Hilfsbereitschaft, Freundlichkeit, Zuverlässigkeit, Freude etc.

- Uns selbst und anderen bekannt

Geheimes Gebiet

Dieses Gebiet umfasst die Aspekte unseres Denkens, Fühlens und Handelns, die wir aus unterschiedlichen Gründen nicht öffentlich machen möchten.
Dazu zählen unsere »geheimen Wünsche«, tief liegenden Ängste und verwundbaren Stellen wie beispielsweise die Angst, den Arbeitsplatz zu verlieren, der Ehebruch, alle Arten der Sucht, finanzielle Probleme oder Homosexualität.

- Nur mir bekannt

Blinder Fleck

Dazu gehören Verhaltensweisen, Gefühle und Einstellungen, die wir selbst nicht sehen oder sehen wollen. Andere nehmen sie allerdings sehr wohl an uns wahr. Dazu gehören beispielsweise unbewusste Gewohnheiten, Vorurteile, bestimmte Zuneigungen oder Abneigungen, Gefühle wie Neid, Eifersucht oder Schwäche.

- Nur anderen bekannt – und diese Personen können uns möglicherweise auch wichtige Hinweise darauf geben

Unbewusstes Gebiet

Alle Menschen haben ein unbewusstes Gebiet. Hier sind verdrängte Gefühle, Ereignisse und Gedanken aufgehoben, die für das ICH bedrohlich oder verboten sein können, beispielsweise traumatische Erlebnisse wie Misshandlungen, eine Vergewaltigung oder Kriegserlebnisse. Aber auch positive Eigenschaften wie verborgene Talente und Begabungen schlummern hier.

- Mir und anderen nicht bekannt

»Try it on everyone and everything –
Probiere es mit Allem und Jedem«.
Gary Craig

Anwendungsgebiete

der Klopfakupressur

Energiefeld-Therapie – für wen geeignet?

Die Energiefeld-Therapie kann bei fast jedem Menschen angewendet werden, egal ob Mann, Frau oder Kind, egal ob der Mensch generell gesund ist oder ob möglicherweise eine Behinderung vorliegt. Zudem können alle Themen in der Selbstanwendung gefahrlos ausprobiert werden.

Wenn Sie eine gute, innige Verbindung zu Ihrem Tier aufbauen, können Sie die Klopfakupressur auch für Ihr Tier anwenden.

Lediglich durch die blinden oder unbewussten Gebiete (siehe S. 43) ist eine natürliche Grenze gegeben. Ein Schaden kann bei der Anwendung der Energiefeld-Therapie nicht entstehen, da Sie die Probleme, die Ihnen zunächst als Schutz dienen, nicht selbst bearbeiten können. Zu den Grenzen der Selbstbehandlung siehe S. 104ff.; wo diese an ihre Grenzen stößt, können in den meisten Fällen erfahrene Therapeutinnen und Therapeuten weiterhelfen.

Behandlung von Tieren

Die Energiefeld-Therapie kann auch bei Tieren eingesetzt werden, denn auch ihre Körper sind von Energieleitbahnen durchzogen. Erfahrene Tierpsychologen wissen um die Auswirkungen der Psyche auf das Verhalten der Tiere. Der Einsatz der Akupunktur und anderer naturnaher, nicht-medikamentöser Behandlungsmethoden ist bekannt und anerkannt. Wie die Anwendung bei Tieren geschieht, wird auf den Seiten 56, 62 und 82 beschrieben.

Anwendungsbereiche und Dauer der Anwendung

Die Klopfakupressur wirkt grundsätzlich auf jedes negative Gefühl – unabhängig davon, wie lange es schon besteht oder wie belastend es ist. Es lohnt immer, die Klopfakupressur auch dort auszuprobieren, wo andere Methoden bereits versagt haben.

Da die Klopfakupressur nach dem Prinzip der »Zwiebelschale« arbeitet, also von außen nach innen vorgeht, muss nicht erst in der Tiefe der Psyche geforscht und aufgearbeitet werden. Der Einsatz erfolgt mit dem jetzt aktuellen Aspekt. Ist dieser emotionale Stress gelöst, können andere Themen bearbeitet werden. Bei schweren, sehr belastenden Ereignissen und schweren psychischen Erkrankungen ist die Zusammenarbeit mit einem erfahrenen Therapeuten erforderlich. Hier wird in der Regel keine Selbstanwendung möglich sein.

Bei ernsten gesundheitlichen Problemen ist die Klopfakupressur eine ausgesprochen sinnvolle Ergänzung der schulmedizinischen Behandlung.

Wie oft und wie lange?

Die Dauer einer Behandlung mit der Klopfakupressur ist von vielen Faktoren abhängig. Sie lässt sich nicht vorhersagen. Oftmals ist eine Beseitigung oder Verbesserung innerhalb von wenigen Minuten möglich, manchmal dauert es aber auch bis zu 20 Minuten oder länger. Die Dauer hängt maßgeblich davon ab, aus wie vielen Aspekten ein Problem zusammengesetzt ist und wie viele Aspekte einzeln behandelt werden müssen. Bei einer Behandlung durch einen erfahrenen Therapeuten oder eine erfahrene Therapeutin kann sich die Arbeit auch über einen längeren Zeitraum hinziehen. In jedem Fall stellt die Klopfakupressur jedoch eine Bereicherung und Ergänzung gängiger Behandlungsmethoden dar.

Behandlungserfolg

In rund 85 Prozent aller Fälle wird durch die Klopfakupressur eine deutliche Verbesserung der Symptome erreicht, oder der behandelte Aspekt wird ganz aufgelöst – das Thema ist erledigt. Dieser Erfolg ist in der Regel von Dauer. Kommt ein einmal behandeltes Thema zurück, ist es oftmals nicht so bedrückend wie zuvor. Es ist ein Hinweis darauf, dass ein Aspekt, der mit diesem Thema zusammenhängt, noch nicht bearbeitet wurde.

Ein Beispiel aus der Praxis: Ein Patient verspürte das Verlangen, jeden Abend drei Tafeln Schokolade zu essen. Er wurde erfolgreich mit folgenden Aspekten behandelt: »Mein Heißhunger auf die abendliche Schokolade«, »Meine Sehnsucht nach der Schokolade, wenn ich abends alleine bin«, »Meine Angst, keine Schokolade mehr essen zu dürfen«, »Mein Wunsch, zweimal in der Woche abends mit Freunden zusammen zu sein und auf die Schokolade zu verzichten«.

Die Klopfakupressur fördert Zusammenhänge zutage, die uns normalerweise verborgen bleiben würden.

Alte Gewohnheiten abglegen

Ein Vierteljahr lang aß der Patient an zwei Abenden keine Schokolade und traf sich mit Freunden. Danach verfiel er jedoch wieder in seine alte Gewohnheit, da die Freunde einmal im Monat Kegeln gehen wollten – der Patient mochte Kegeln nicht, traute sich aber nicht, dass zu sagen. Anschließend wurden die neuen Aspekte bearbeitet: »Meine Angst, zu widersprechen und abgelehnt zu werden«, »Die Erinnerung, dass ich als Kind lieb sein und tun musste, was die anderen von mir verlangten«, »Ich erkenne an, dass dies Verhalten in die Kindheit gehört, heute habe ich eine andere Wahlmöglichkeit« und »Meine Vorfreude zu sagen, was ich will«. Das Verlangen nach Schokolade war komplett verschwunden. Heute isst er sie nur noch, wenn er wirklich Appetit darauf hat.

Typische Anwendungsbereiche

- Körperliche Beschwerden, die emotional bedingt sind, z. B. Migräne, Verspannungen im Hals-, Schulter- und Nackenbereich, Rückenschmerzen, Schlafstörungen, »nervöse« Magenbeschwerden, Verdauungsprobleme, Hautjucken, asthmatische Beschwerden
- Verhaltensauffälligkeiten wie z. B. Nägelkauen, ständiges »nervöses« Kratzen, »nervöses« Augenbrauenhochziehen, ständiges Blinzeln mit den Augen, permanentes Naserümpfen, Zupfen und Abziehen von Haut (z. B. am Nagelbett)
- Ängste wie z. B. Redeangst, Prüfungsangst, Angst vor dem Zahnarzt, Angst vor medizinischen Untersuchungen, Angst vor dem nächsten Tag, Angst vor Vorgesetzten, Verwandten etc.
- Phobien, z. B. vor Tieren, Berührungen, dem Alleinsein, dem Zusammensein mit anderen, Angehörigen fremder Kulturen, Frauen, Männern, Älteren, Jüngeren, Kindern, Jugendlichen, Tunneln, Brücken oder Höhen, Autobahnfahrten, Zugfahrten, Flügen, möglichen Infektionen, Verlieben, Sexualität, Wasser, Zugluft
- Emotionaler Stress
- Traurigkeit
- Depressive Verstimmungen und Verzweiflung
- Unruhe
- Konzentrationsstörungen
- Leistungsblockaden in Schule, Beruf, Sport
- Beschwerden, die im Zusammenhang mit dem Entzug von Suchtmitteln auftreten
- Negative Gefühle wie Ärger, Wut und Hass, Eifersucht und Neid
- Posttraumatische Belastungsstörungen, wie sie z. B. nach schweren Krankheiten, Unfällen oder einer Vergewaltigung auftreten
- Erschöpfungszustände
- Zwangsvorstellungen
- Essstörungen
- Mangelndes Selbstbewusstsein

Ob ein körperlicher Schmerz eine seelische Ursache hat, merken Sie bei der Klopfakupressur am besten – der Schmerz löst sich erst vollständig auf, wenn jeder Aspekt des Themas behandelt ist.

Wichtige Voraussetzungen sind eine ruhige, ungestörte Atmosphäre und etwas Zeit. Nur so können Sie Ihre Neugierde wecken und sich auf die neue Erfahrung einlassen.

Die Praxis

– das Erlernen der Energiefeld-Therapie

Allgemeine Übungen

Die folgenden Übungen können Sie im jeweiligen Bedarfsfall durchführen. Am besten ist es, wenn Sie sie auswendig lernen, um sie parat zu haben, ohne erst nachschlagen zu müssen.

Entspannungsübung

Die nebenstehende Entspannungsübung wurde von Peter Lambrou und George Pratt entwickelt; siehe S. 158.

Die Entspannungsübung muss nicht zwingend vor jeder Anwendung der Energiefeld-Therapie durchgeführt werden. Sie empfiehlt sich allerdings immer dann, wenn Sie eine äußere oder innere Unruhe verspüren und wenn es Ihnen schwer fällt, sich auf die bevorstehende Behandlung zu konzentrieren.

- Setzen Sie sich aufrecht, aber möglichst entspannt auf einen Stuhl, einen Sessel oder ein Sofa. Der Rücken hat dabei keinen Kontakt zur Lehne.
- Legen Sie die Beine übereinander, d. h. kreuzen Sie mit dem linken Bein das rechte, beide Füße haben Bodenkontakt.
- Strecken Sie beide Arme gerade aus, der rechte Arm kreuzt den linken.
- Drehen Sie jetzt die Handflächen um, so dass diese zueinander zeigen. Die Daumen zeigen nach unten.
- Verschränken Sie die Finger.
- Drehen Sie die verschlungenen Arme nach unten zum Körper und anschließend vor der Brust nach oben.

- Schließen Sie die Augen oder sehen Sie auf einen Punkt in der Ferne, ohne ihn genau zu fokussieren; die Augen sollten entspannt sein.
- Atmen Sie langsam durch die Nase ein. Legen Sie dabei die Zungenspitze ohne Druck an den oberen Gaumen hinter die Schneidezähne.
- Zählen Sie bis 6.
- Atmen Sie langsam wieder aus und lösen Sie dabei die Zungenspitze vom Gaumen.
- Wenn Sie das möchten, können Sie das Ein- und Ausatmen mit Worten oder Zahlen begleiten (beispielsweise mit »Frie« beim Ein- und »den« beim Ausatmen). Wiederholen Sie das Atmen etwa 2 Minuten lang.

Bestimmte Fingerhaltungen wie die in der nebenstehenden Übung beschriebene werden in der östlichen Philosophie auch als Mudras bezeichnet. Dadurch wird ebenfalls auf die Meridiane eingewirkt und der Energiefluss stimuliert.

Stressreduzierung in akuten Paniksituationen

In akuten Paniksituationen ist die Entspannungsübung oft nicht durchführbar. Die Energie fließt aus. Dies ist u. a. deutlich sichtbar an übermäßig starkem Schwitzen, Zittern, Unruhe oder im Extremfall bis hin zur Todesangst. Schließen Sie Ihren Energiekreislauf mit folgender Übung:

- Setzen oder legen Sie sich hin.
- Umfassen Sie den linken Ringfinger mit der rechten Hand.
- Atmen Sie langsam ein und legen Sie dabei die Zungenspitze von hinten gegen die oberen Schneidezähne.
- Machen Sie eine kurze Pause und zählen Sie bis 5.
- Lösen Sie die Zunge von den Zähnen und atmen Sie langsam aus.
- Wiederholen Sie die Übung etwa 5 Minuten lang.

Die Stressskala

Die Stressskala dient lediglich dazu, selbst zu beurteilen, welche Veränderung es nach dem Einsatz der Energiefeld-Therapie gegeben hat. Um das festzustellen, legen Sie den Stresspegel sowohl vor der Behandlung mit der Energiefeld-Therapie als auch nach dem Klopfakupressurdurchgang fest. Da Stress sehr unterschiedlich wahrgenommen wird, ist für die Beurteilung des Stresspegels nur einer zuständig: Sie selbst.

Stressskala bei Erwachsenen

Denken Sie an das Thema, das Sie beschäftigt – beispielsweise Kopfschmerzen – und markieren Sie auf der nebenstehenden Stressskala, wie stark Sie sich durch dieses Thema gestresst fühlen.

Wenn Sie sich auf Ihr Thema und den dazugehörigen Aspekt gefühlsmäßig eingestimmt haben, lesen Sie auf der Skala ab, wie stark Sie das Thema bzw. der Aspekt stresst.

Wie stark beeinträchtigt Sie Ihr Thema?

10	**Der Stress ist unerträglich stark.**
9	
8	
7	
6	
5	**Der Stress ist unangenehm, aber noch zu ertragen.**
4	
3	
2	
1	
0	**Es gibt keinen Stress, ich bin völlig ruhig und gelassen.**

Stellen Sie sich nun für die Einschätzung bitte folgende Frage: »Wenn ich *jetzt* an mein Thema – an meine Angst, mein Problem, meinen Schmerz – denke, wo auf der Skala liegt mein Stresspegel?«

Kein neuer Stress durch die Stressskala!

Manchen Menschen ist es nicht möglich, sich auf eine konkrete Zahl auf der Stressskala festzulegen. Das macht nichts. Der Pegel darf auch zwischen zwei Zahlen schwanken. Einige Menschen möchten den Pegel sehr viel genauer benennen – ein Pegel von 7,5 oder 4,75 oder sogar mit drei Stellen hinter dem Komma ist völlig in Ordnung. In seltenen Fällen ist das Stressgefühl gar nicht mit Zahlen zu benennen. Hier ist dann vielleicht eine Einteilung in »unerträglich«, »ganz schlimm«, »nicht ganz schlimm«, »geht so« o. Ä. passend. Auch eine Angabe als »das ist jetzt ganz nah bei mir«, »es ist weiter weg« etc. ist möglich.

Setzen Sie sich nicht zusätzlichem Druck aus – benennen Sie den Stress ruhig mit Ihren eigenen Worten. Es gibt keine »Regeln«, Sie sind der- oder diejenige, der/die entscheidet.

Stressskala bei Kindern

Jüngere Kinder werden die Unterstützung der Eltern bei der Anwendung der Energiefeld-Therapie benötigen. Ihnen wird die Beurteilung des Stresses durch eine vereinfachte Stressskala wesentlich erleichtert. Fragen Sie Ihr Kind: »Wenn du jetzt an ... denkst, wie sieht dann dein Gesicht aus?«

Lassen Sie Ihr Kind entscheiden

Stressskala bei Tieren

Wird die Energiefeld-Therapie bei einem Tier durchgeführt, wird das Tier in der Regel von seinem Besitzer oder einer sehr nahe stehenden Person behandelt werden. Diese Person sollte das Tier beobachten und den Stress stellvertretend für das Tier wahrnehmen. Es kann hilfreich sein, das Tier dabei zu berühren – dadurch entsteht manchmal eine größere gefühlsmäßige Verbundenheit und der Stresspegel kann so am besten skaliert werden.

Als Tierbesitzer werden Sie instinktiv spüren, wenn Ihr Tier vor etwas Angst hat. In diesen Fällen lohnt es sich besonders, es mit einer Klopfakupressurbehandlung zu versuchen (zur Behandlung selbst siehe S. 62).

Der Stresspegel kann nicht benannt werden

Es ist möglich, dass Sie sich in eine Situation jetzt nicht einfühlen und die Stressskala nicht benennen können. Doch ohne einen gefühlsmäßigen Bezug ist eine Behandlung mit der Energiefeld-Therapie häufig nicht erfolgreich.

Wie können Sie sich in einer solchen Situation helfen? Wenn Sie beispielsweise Angst vor Mäusen haben, jetzt aber keine Maus in der Nähe ist, fragen Sie sich: »Wenn ich mir jetzt vorstelle, dass eine Maus hier bei mir wäre, wo liegt dann jetzt mein Stresspegel?« Gehen Sie gedanklich in die Situation, in der Sie das letzte Mal mit einer Maus konfrontiert waren, und spüren Sie den Stress, den diese Erinnerung im gegenwärtigen Moment noch verursacht. Legen Sie anschließend bei der Behandlung mit der Energiefeld-Therapie diesen Stresspegel zugrunde.

Wenn es zudem die Möglichkeit gibt, jetzt konkret einer Maus zu begegnen, sollten Sie das tun – Sie werden den Stresspegel dann leicht benennen können.

Das Wichtigste – Geduld

Manchmal benötigen Sie bei der Benennung des Stresspegels auch einfach etwas Geduld mit sich. Durch eine Schutzfunktion in unserem Unterbewusstsein (siehe dazu das Kapitel über Selbstsabotage, S. 94ff.) neigen wir von Zeit zu Zeit dazu, uns mit den Themen, die uns belasten, nicht auseinander zu setzen. »Das geht jetzt einfach nicht« ist der entsprechende Gedanke, um das Gefühl zu schonen. Versuchen Sie, sich mehr Zeit zum Einfühlen zu geben. In den meisten Fällen führt dies zur richtigen Einschätzung des Gefühls auf der Stressskala. Sollte es trotzdem nicht möglich sein, geben Sie bitte zunächst die Information an das Unterbewusste und reiben Sie den heilenden Punkt (siehe S. 58f.). Versuchen Sie anschließend, den Stresspegel zu bestimmen.

Unser Körper, unser Geist und unsere Seele arbeiten mit zahlreichen Schutzmechanismen. Forcieren Sie nichts, lassen Sie sich Zeit und stimmen Sie sich auf die Behandlung ein.

Die Information an das Unterbewusste

Nachdem Sie sich auf Ihr Thema eingestimmt (siehe S. 74ff.) und den Stresspegel auf der Stressskala so genau wie möglich festgelegt haben (siehe S. 54f.), lernen Sie jetzt das Element aus der Hypnotherapie kennen. Auch hier ist der Ansatz wieder ganzheitlich. Es wird

Schlüssel zur Veränderung

Sie spüren, dass Sie etwas verändern möchten. Sie schaffen es aber nicht, so sehr Sie sich auch anstrengen. Die Gründe hierfür sind vielfältig. Durch die Information an das Unterbewusste öffnen Sie sich für die gewünschte Veränderung.

Oftmals torpedieren wir unsere eigenen Wünsche und Ziele – der Verstand wünscht sich etwas, aber das Gefühl verhindert es. Das Willenszentrum ist gestört.

Selbstsabotage

und Polaritätsumkehrung

eine Information an den Körper, an die Gedanken und an die Gefühle gegeben.

Der »heilende Punkt«

Um eine Information an das Unterbewusste zu senden, müssen Sie zunächst den so genannten heilenden Punkt suchen.
Legen Sie den Mittelfinger der rechten Hand in die kleine Mulde zwischen den Schlüsselbeinen. Fahren Sie dann am Brustbein entlang etwa neun bis zehn Zentimeter nach unten. Schieben Sie Mittel- und Zeigefinger anschließend etwa neun bis zehn Zentimeter in Richtung Herz und suchen Sie dort in aller Ruhe nach einer Vertiefung, einer Erhebung oder einer Stelle, die sich beim kreisförmigen Reiben anders anfühlt als andere Stellen in diesem Bereich.
Genau zu beschreiben, wie die Stelle sich anfühlen sollte, ist nicht möglich. Sie werden den Unterschied zu anderen Stellen selbst spüren. Reiben Sie mit leichtem Druck, so, als würden Sie eine Sonnencreme auftragen.
Bei rund 15 Prozent aller Menschen ist der »heilende Punkt« auf der rechten Körperseite intensiver zu spüren. Sollten Sie den Punkt auf der linken Seite nicht gut tasten können, probieren Sie es mit der linken Hand auf der rechten Körperseite aus.

Der »heilende Punkt« ist der Türöffner für die Klopfakupressur. Über ihn erhalten wir Zugang zu unserem Unterbewusstsein, dem wir positive Botschaften übermitteln können.

Das Tor zur Seele

Der »heilende Punkt« ist ein Knotenpunkt im Lymphsystem. An ihm treffen mehrere Lymphbahnen zusammen, er ist kein Meridianpunkt. Das Lymphsystem ist zuständig für den Abtransport von Schadstoffen aus dem Körper. Hat sich ein Aspekt schon sehr manifestiert, nehmen wir diesen neuro-lymphatischen Reflexpunkt als besonders »empfindlich« wahr. Aus diesem Grund wird er im englischsprachigen Raum auch als »sore spot« (wunder oder schmerzender Punkt) bezeichnet. In der Energiefeld-Therapie wird er positiv »heilender Punkt« genannt, weil er über den Körper eine Information an das Unterbewusste gibt. Deshalb erhält er auch oft den Zusatz »Tor zur Seele«.

Manche Menschen sind erstaunt, wie schnell und deutlich sie den »heilenden Punkt« spüren. Schmerzt die Stelle sehr, kann dies ein Hinweis darauf sein, dass ein Problem im wahrsten Sinne des Wortes »drückt«.

Der Serienpunkt

Sollten Sie unsicher sein, ob Sie den »heilenden Punkt« auch wirklich gefunden haben, können Sie stattdessen den so genannten Serienpunkt verwenden. Dieser Punkt ist ein Meridianpunkt und liegt auf dem Handrücken. Machen Sie eine lockere Faust; zwischen der Verlängerung des kleinen Fingers und des Ringfingers werden Sie eine Vertiefung entdecken, eine Art Rille. Diese Vertiefung wird mit den vier Fingern der anderen Hand geklopft; welche Hand Sie dabei wählen, spielt keine Rolle.

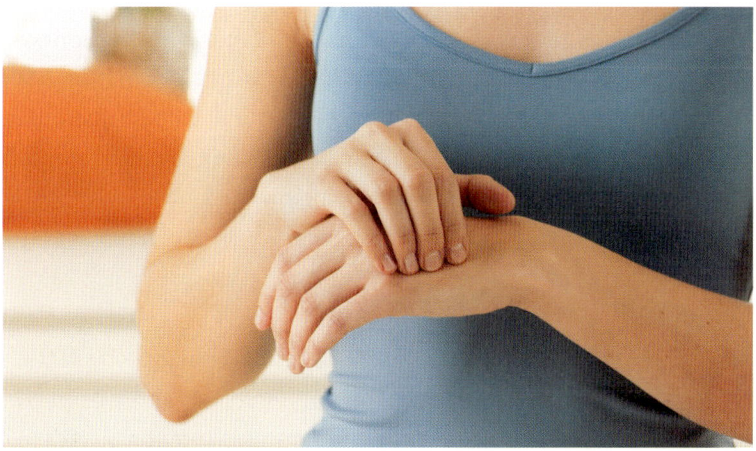

Falls Sie Schwierigkeiten haben sollten, den »heilenden Punkt« bei sich zu finden, können Sie stattdessen auch den Serienpunkt klopfen. Er ist einfach auszumachen.

Auflösung der psychologischen Blockade

Benennen Sie zunächst Ihren Aspekt so konkret wie möglich. Dies wird als »Fokus benennen« bezeichnet. Den Fokus zu finden ist vergleichbar mit dem Eiskunstlauf: Der Lichtstrahl des Scheinwerfers wird ausschließlich auf die Eiskunstläuferin (Fokus) gerichtet und bleibt bei ihr. Alles andere bleibt im Dunkeln.

Hilfreich ist es auch, sich zu fragen: »Was sage ich zu mir selbst, gewissermaßen im ›stillen Kämmerlein‹, zu diesem Thema?« Sie müssen dabei nicht versuchen, sich besonders gewählt auszudrücken – dies trifft den Fokus oft nicht genau. Am besten verwenden Sie Ihr eigenes Vokabular und sprechen »frei von der Leber weg«. Näheres dazu, wie Sie Ihren aktuellen Fokus setzen, finden Sie im Kapitel »Fokus finden und setzen« (S. 74ff.).

Den Satz »Am meisten ärgere ich mich über mich selbst.« kennen sicher viele. Er stellt jedoch zusätzlich zu dem eigentlichen Problem eine weitere Hürde auf dem Weg zur Lösung des Problems dar – Sie blockieren sich selbst.

Selbstbejahende Akzeptanz

Die selbstbejahende Akzeptanz ist ein wichtiger Schritt auf dem Weg dazu, dem Unterbewussten die »richtige« Information zukommen zu lassen. Auch hierzu wieder ein Beispiel: Sie haben starke Kopfschmerzen. Doch damit nicht genug, Sie ärgern sich auch noch über ihren »Brummschädel«. Dieser Ärger führt voraussichtlich dazu, dass der Kopfschmerz bleibt. Und zusätzlich zu dem Ärger über den Brummschädel kommt vielleicht noch eine Selbstbeschimpfung hinzu: »Das muss dir ja wieder passieren«, »ausgerechnet jetzt«, »hättest du mehr geschlafen, hättest du jetzt wahrscheinlich keinen Brummschädel« etc.

Zu dem eigentlichen Schmerz tritt noch eine psychologische Blockade, und um diese aufzulösen, wird eine neue Information an das Unterbewusste gegeben: die selbstbejahende Akzeptanz. Sie ermög-

licht eine Aussöhnung mit sich selbst und den eigenen Problemen. Einschränkende Glaubenssätze wie die oben beschriebenen Selbstbeschimpfungen werden überwunden.
Am konkreten Beispiel könnte die selbstbejahende Akzeptanz etwa folgendermaßen lauten: »Obwohl ich mich über meinen Brummschädel ärgere, liebe und akzeptiere ich mich voll und ganz.« Manche Menschen sagen stattdessen lieber »... liebe und akzeptiere ich mich so, wie ich bin.« – auch das ist völlig in Ordnung.

Wie Sie die Formulierungen wählen, bleibt ganz Ihnen überlassen. Probieren Sie ruhig verschiedene aus, um die für Sie richtige zu finden.

Der Behandlungsablauf

Die Information an das Unterbewusste erfolgt auf zwei Ebenen: auf der körperlichen Ebene über den »heilenden Punkt« und auf der geistigen und emotionalen Ebene über die laut gesprochene selbstbejahende Akzeptanz.

Eine Information an das Unterbewusste senden

- **Als Vorbereitung benennen Sie Ihr Thema (z. B. »Kopfschmerzen«) und grenzen es so eng wie möglich ein; setzen Sie einen Fokus und benennen Sie einen konkreten Aspekt (z. B. »Ärger über meinen Brummschädel«).** **Siehe dazu auch S. 74ff.**
- **Verwenden Sie nun das Element aus der Hypnotherapie: Vermitteln Sie Ihrem Unterbewussten eine Information. Reiben Sie den »heilenden Punkt« in einem Radius von etwa fünf Zentimetern, und zwar im Uhrzeigersinn. Sprechen Sie dabei laut die selbstbejahende Akzeptanz, z. B. »Obwohl ich mich über meinen Brummschädel ärgere, liebe und akzeptiere ich mich voll und ganz.« Tun Sie dies etwa fünfmal hintereinander.**

Kinder als Patienten

Falls Sie Ihrem Kind mit der Energiefeld-Therapie helfen möchten, müssen Sie den Ablauf etwas variieren. Jüngere Kinder haben noch keine Vorstellung von dem Begriff »liebe und akzeptiere«.

Machen Sie Ihrem Kind stattdessen folgende Vorschläge: »Obwohl ich … habe, bin ich trotzdem ein liebes Mädchen / ein lieber Junge« oder »Obwohl ich … habe, bin ich ein tolles Mädchen / ein toller Junge«. Hilfreich ist es, auf der Sprachebene des Kindes zu bleiben. Hören Sie dem Kind genau zu und setzen Sie das Gegenteil als Vorschlag ein. Wenn Ihr Kind z. B. sagt: »Ich bin ein blöder Junge«, schlagen Sie vor: »Obwohl ich ein blöder Junge bin, bin ich trotzdem ein kluger (oder schlauer) Junge.« Fragen Sie das Kind: »Was gefällt dir besser?« oder »Hättest du noch eine bessere Idee, was du Nettes zu dir sagen könntest?«. Lassen Sie Ihrem Kind auf jeden Fall Zeit. Der Satz muss genau stimmig sein. Aus diesem Grund muss das Kind seinen Satz auch alleine finden.

Der übrige Behandlungsablauf ist mit dem für Erwachsene identisch: Das Kind reibt bei sich den »heilenden Punkt« im Uhrzeigersinn und spricht dazu mindestens fünfmal die selbstbejahende Akzeptanz.

Größere Kinder (etwa ab zwölf Jahren) mögen es in der Regel nicht, wenn Sie geklopft werden. Wenn Ihr Kind dies möchte, können Sie ihm den Ablauf beibringen, damit es die Klopfakupressur bei sich selbst anwenden kann.

Tiere als Patienten

Auch bei Tieren kann die Energiefeld-Therapie angewendet und eine Information an das Unterbewusste gesendet werden. Dabei reibt der Besitzer oder eine dem Tier nahe stehende Person den »heilenden Punkt« bei sich selbst und spricht die selbstbejahende Akzeptanz (z. B. »Obwohl ich immer Katzen jage, bin ich trotzdem ein liebenswerter Hund.«) Versuchen Sie, Blickkontakt zum Tier zu halten und sich in das Tier einzufühlen.

Der nächste Schritt – die Klopfakupressur

Die Klopfakupressur ist Teil des Behandlungsablaufs der Energiefeld-Therapie. Sie folgt auf das Senden der Information an das Unterbewusste (siehe dazu auch S. 72f.). Durch die Klopfakupressur erfolgt eine Stimulation der zwölf Hauptmeridiane. Sie werden von Ihnen beklopft, während der belastende Aspekt benannt wird.

Die Meridiane stehen untereinander in Verbindung, so dass ein Energiestau an einem Kreuzungspunkt auch eine Rückwirkung auf die anderen Meridiane hat. Umgekehrt bedeutet das: Wenn ein Meridian wieder durchlässig ist, hat dies auch eine positive Wirkung auf das gesamte Meridiansystem.

In der östlichen Philosophie und Medizin weiß man sehr genau um den Zusammenhang der einzelnen Teile miteinander und macht es sich zunutze, dass eine positive Wirkung eine ganze Kettenreaktion nach sich zieht.

Die Klopfpunkte

Die Meridiane verlaufen auf der linken und rechten Körperhälfte (siehe Abbildung auf S. 15). Beklopft werden beide Seiten: Zuerst werden die Meridiane auf der linken Seite bearbeitet, dann die auf der rechten. Die Klopfpunkte 4 und 5 gibt es nur einmal.

Beschrieben wird zunächst der Ablauf für die linke Körperhälfte. Für die rechte Körperhälfte arbeiten Sie bitte seitenverkehrt. Das Wechseln der Handhaltung wirkt zunächst vielleicht kompliziert. Nach drei- bis fünfmaligem Ausprobieren ist es Ihnen erfahrungsgemäß jedoch in Fleisch und Blut übergegangen. Bleiben Sie also entspannt. Um die Übungsfolge leichter zu erlernen, sollten Sie zunächst vor einem Spiegel üben. Achten Sie auf kurze Fingernägel, damit Sie sich nicht verletzen. Falls Sie eine Brille tragen, sollten Sie sie für die Klopfakupressur im Augenbereich abnehmen.

Klopfpunkte 1 bis 3

Legen Sie Zeigefinger und Mittelfinger der linken Hand eng aneinander und klopfen Sie damit die folgenden Punkte.

- Klopfpunkt 1 AB (Augenbrauenpunkt): Sie finden diesen Punkt zwischen Augenbrauenansatz und Nasenwurzel.

- Klopfpunkt 2 SA (Seitlich des Auges): Sie finden diesen Punkt, indem Sie die Finger an den seitlichen Rand der Augenhöhle legen. Es ist eine leichte Vertiefung. Bei starken Kopfschmerzen wird dieser Punkt häufig instinktiv gedrückt.

- Klopfpunkt 3 JB (Jochbein): Sehen Sie geradeaus in den Spiegel; diesen Punkt finden Sie direkt unter der Pupille. Er liegt auf dem Jochbein und ist oftmals als kleine Einkerbung spürbar.

Klopfpunkte 4 und 5

Nun verändert sich die Fingerhaltung für das Klopfen: Sie klopfen nur mit der Fingerkuppe des Mittelfingers. Zur Stabilisation kann der Daumen den Mittelfinger von unten stützen.

- Klopfpunkt 4 UN (Unter der Nase): Diesen Punkt finden Sie in der Mitte zwischen Nasenspitze und Oberlippe in der kleinen Furche.

- Klopfpunkt 5 UL (Unterhalb der Unterlippe): Diesen Punkt finden Sie zwischen der Unterlippe und dem kleinen Grübchen oberhalb des Kinns.

Klopfpunkt 6

Nun folgt nicht nur ein Wechsel der Fingerhaltung, sondern auch ein Wechsel der Hand: Nehmen Sie Zeigefinger und Mittelfinger der rechten Hand, um auf der linken Seite weiter zu klopfen.

- Klopfpunkt 6 SB (Schlüsselbeinpunkt): Legen Sie Ihre Finger in die Vertiefung oberhalb des Brustbeins (Drosselgrube). Wandern Sie etwa 2,5 Zentimeter auf dem Brustbein nach unten und anschließend etwa 2,5 Zentimeter nach links. Sie befinden sich jetzt unterhalb des inneren Endes des Schlüsselbeins in einer kleinen Vertiefung.

Klopfpunkte 7 und 8

Nun wechselt erneut die Handhaltung: Legen Sie vier Finger der rechten Hand (den Daumen nicht) so aneinander, dass die Fingerkuppen eine Linie bilden. Mit den Fingerkuppen werden dann die folgenden Punkte geklopft.

▸ Klopfpunkt 7 UA (Unterarmpunkt): Dieser Punkt liegt etwa zehn Zentimeter unterhalb der Achselhöhle. Sie finden den Punkt, wenn Sie die Hand von der Brustwarze zur Körperseite strecken, dort, wo die Naht eines engen T-Shirts liegt. Bei Frauen liegt hier der Rand des BHs.

▸ Klopfpunkt 8 RP (Rippenpunkt): Dieser Punkt liegt am Oberrand der achten Rippe, unterhalb der Brustwarze. Stellen Sie sich eine waagrechte Linie am unteren Ende des Brustbeins vor. Direkt auf dieser Linie unterhalb der Brustwarze liegt der RP. Alternativ können Sie den Punkt statt mit den vier Fingerkuppen auch mit der Handkante klopfen.

Klopfpunkte 9 bis 12

Für diese Klopfpunkte formen Sie die Finger der rechten Hand so: Strecken Sie Zeige- und Mittelfinger eng aneinanderliegend gerade aus. Ringfinger und kleinen Finger rollen Sie bitte ein, der Daumen zeigt nach oben. Mit der Kante des Mittelfingers wird geklopft. Der linke Arm ist entspannt, der Unterarm um 90 Grad angewinkelt. Die linke Hand wird senkrecht gehalten.

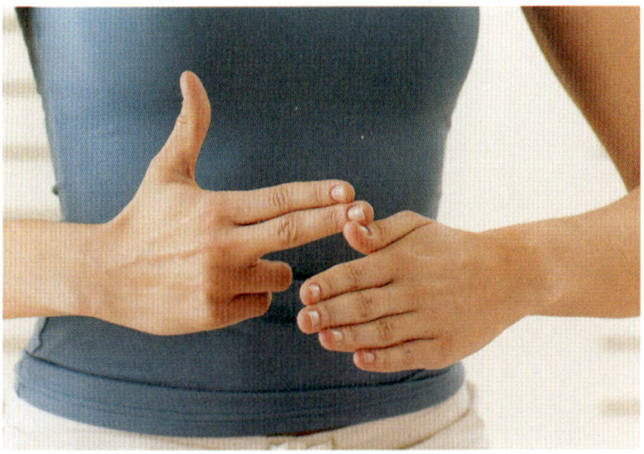

▸ Klopfpunkt 9 DP (Daumenpunkt): Hier wird am äußeren Nagelfalz – der von den Fingern abgewandten Seite – des Daumens geklopft; dort, wo der Nagel aus dem Nagelbett herauswächst.

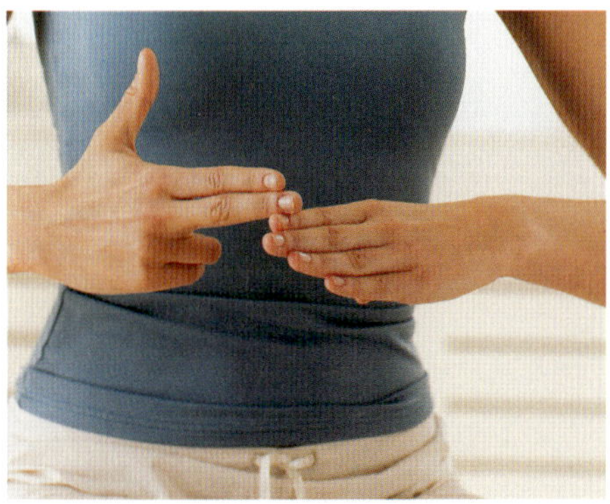

▸ Klopfpunkt 10 ZF (Zeigefingerpunkt): Auch hier wird der Nagelfalzwinkel geklopft, und zwar die Seite, die zum Daumen zeigt.

▸ Klopfpunkt 11 MF (Mittelfingerpunkt): Dieser Punkt liegt auf dem Nagelfalz des Mittelfingers, der dem Zeigefinger zugewandt ist.

▸ Klopfpunkt 12 KF (Kleiner Finger): Bitte versuchen Sie, den kleinen Finger stabil zu halten. Klopfen Sie den Nagelfalzwinkel, der dem Ringfinger zugewandt ist.

Klopfpunkte 13 und 14

Bitte nehmen Sie erneut die Handhaltung wie für Klopfpunkt 7 ein: Auch hier wird wieder mit den Kuppen der vier Finger außer dem Daumen geklopft (siehe S. 66).

- Klopfpunkt 13 HK (Handkantenpunkt): Diesen Punkt finden Sie, wenn Sie eine Faust bilden und die Handkante ansehen. Unterhalb des kleinen Fingers zeigt sich eine Falte. Um diesen Punkt zu beklopfen, gehen Sie folgendermaßen vor: Der linke Unterarm wird in einem Winkel von 90 Grad gehalten, die Handkante zeigt zum Boden. Der Arm und die Hand bleiben unbeweglich und entspannt, wenn dieser Punkt geklopft wird. Es ist nicht erwünscht, dass eine Spannung im Oberarmmuskel (Bizeps) entsteht. Klopfen Sie mit allen vier Fingerkuppen von unten die Kante des Handballens (Karatekämpfer schlagen damit z. B. Ziegel durch).

- Klopfpunkt 14 SP (Serienpunkt): Drehen Sie die linke Hand nun so um, dass die Handinnenfläche zum Boden zeigt. Auf dem Handrücken ist zwischen dem kleinen Finger und dem Ringfinger eine Rille. Diese Rille wird mit allen vier Fingerkuppen geklopft.

Die Klopftechnik

Die oben beschriebenen Klopfpunkte werden in der Selbstbehandlung alle der Reihe nach, wie zuvor beschrieben, geklopft. Die Stärke des Klopfens ist individuell verschieden. Manchmal wird aus dem Gefühl heraus an manchen Stellen länger und stärker oder schwächer geklopft, gerade so, wie es für diesen Moment erforderlich ist. Beurteilen Sie das nicht – akzeptieren Sie Ihre Gefühle. Da die Meridiane stimuliert werden sollen, ist das Klopfen mehr als ein »liebevolles Tätscheln« – deutlich zu spüren, aber auf keinen Fall schmerzhaft! Klopfen Sie jeden Punkt etwa 10- bis 35-mal.

Auch hier sind Sie selbst wieder die entscheidende Instanz: Klopfen Sie deutlich spürbar in der Stärke, die Ihnen angenehm ist, Schmerz darf bei der Klopfakupressur keinesfalls entstehen.

Wahrnehmung der Meridiane

Jeder Meridianpunkt wird einem Organ und darüber hinaus sowohl negativen als auch positiven Gefühlen zugeordnet (siehe S. 17). Während des Klopfens kommt es durchaus vor, dass einige Punkte als intensiver, ja sogar als schmerzhaft erlebt werden. Dies ist ein Zeichen dafür, dass hier eine Blockade besteht.

Bedanken Sie sich bei Ihrem Körper, dass er Sie darauf aufmerksam macht, und klopfen Sie weiter. Bleiben Sie bei Ihrem Thema und dem dazugehörigen Aspekt! Die Überlegung, welches Organ jetzt wohl angesprochen sein könnte, entfernt Sie von Ihrem Thema. Häufig entstehen dadurch neue Sorgen und Ängste, wie z. B.: »Habe ich vielleicht etwas an der Blase? Hatte ich neulich nicht gerade Schmerzen beim Wasserlassen?« Das führt zu einem neuen Teufelskreis – die Blockaden wachsen!

Das Gleiche gilt, wenn Sie sich mit den Gefühlen beschäftigen, die mit dem Klopfpunkt zusammenhängen. Wenn Sie versuchen zu beurteilen, ob es wohl wirklich zutrifft, dass Sie z. B. »Angst vor der Zukunft haben«, schwindet die Konzentration auf das Thema.

Die Tonleiter

Mit Tonleiter wird das Element der Energiefeld-Therapie bezeichnet, das aus dem Neuro-Linguistischen Programmieren stammt. Diese Arbeit dient der Feinabstimmung zwischen Körper, Geist und Seele sowie der Verankerung des bislang Erreichten.

Während der Tonleiter klopfen Sie mit den vier Fingerkuppen der anderen Hand (siehe S. 66) kontinuierlich den Serienpunkt. Der Serienpunkt ist die »Rille« auf dem Handrücken zwischen der Verlängerung des kleinen Fingers und des Ringfingers. Sie können sowohl die linke als auch die rechte Seite des Handrückens wählen.

- Öffnen Sie die Augen und sehen Sie geradeaus. Ihre Aufmerksamkeit ist in der Gegenwart.
- Schließen Sie die Augen. Der Blick ist nun nach innen gerichtet, Sie konzentrieren sich ganz auf sich selbst.
- Öffnen Sie die Augen wieder und blicken Sie – ohne den Kopf zu bewegen – nach rechts unten auf den Boden. So aktivieren Sie Ihre linke Gehirnhälfte und erinnern sich an die Vergangenheit.
- Sehen Sie anschließend mit den Augen nur nach links unten auf den Boden. So aktivieren Sie Ihre rechte Gehirnhälfte und erinnern sich an die Vergangenheit.
- Lassen Sie nun die Augen kreisförmig rollen (als würden Sie jede Zahl auf einer Uhr mit den Augen ablesen). Dabei finden Zukunft (durch das Schauen nach oben), Gegenwart und Vergangenheit Beachtung.
- Wiederholen Sie die Bewegung – dieses Mal allerdings gegen den Uhrzeigersinn.
- Summen Sie eine beliebige Melodie (stimuliert rechte Gehirnhälfte).
- Zählen Sie laut von eins bis fünf (stimuliert linke Gehirnhälfte).
- Summen Sie abschließend nochmals eine beliebige Melodie.

Durch kontinuierliches Klopfen des Serienpunktes während der Tonleiter erfolgt eine Gehirnstimulation.

Gesamtablauf der Energiefeld-Therapie

Sorgen Sie dafür, dass Sie ungestört sind. Stellen Sie Wasser bereit, um zwischendurch immer wieder etwas trinken zu können. Da unser Körper zu einem großen Teil aus Wasser besteht, erschöpft die Arbeit am Energiefeld den Wasserhaushalt.
Bei den ersten Selbstanwendungen ist es hilfreich, in einen Spiegel zu sehen. Falls Sie sehr unruhig sind, sollten Sie eine der Entspannungsübung durchführen (siehe S. 52f.).

Vorbereitung

Arbeiten Sie Ihr persönliches Thema heraus und fassen Sie es in möglichst klare Worte. Schätzen Sie das Problem anhand der Stressskala ein.

Information an das Unterbewusste

Reiben Sie fünfmal den »heilenden Punkt« und sprechen Sie dabei laut die selbstbejahende Akzeptanz (z. B. »Obwohl ich panische Angst vor Hunden habe, liebe und akzeptiere ich mich voll und ganz.«).

Klopfakupressur

Klopfen Sie nacheinander alle 14 Punkte auf der linken Körperseite und sprechen Sie dabei fortlaufend (wie eine Litanei) laut den Aspekt (z. B. »meine panische Angst vor Hunden, meine panische Angst vor Hunden, meine panische Angst vor Hunden . . .«).

Überprüfung an der Stressskala

Schätzen Sie erneut Ihr Problem auf der Stressskala ein. Ist die Skala gleich geblieben oder sogar angestiegen, prüfen Sie, ob der Aspekt korrekt benannt wurde: Haben Sie Ihre eigenen Worte gewählt? Müssen Sie den Aspekt genauer beschreiben? (Siehe dazu auch das Kapitel »Fokus finden und setzen«, S. 74ff.). Ist die Skala gesunken, spüren Sie eine positive Veränderung. Sie können dann mit der Tonleiter fortfahren.

Die Tonleiter

Klopfen Sie den Serienpunkt und führen Sie dabei die Tonleiter durch (siehe S. 71), um das bisher erreichte Ergebnis zu festigen und einem eventuellen Rückfall vorzubeugen.

Klopfakupressur

Klopfen Sie alle 14 Punkte auf der rechten Körperseite kräftig und sagen Sie dabei laut: »Meine restliche panische Angst vor Hunden, meine restliche panische Angst vor Hunden . . .«. Die Betonung liegt auf »restlich«.

Gesamtablauf der Energiefeld-Therapie

Überprüfung an der Stressskala

Entscheiden Sie, ob die Stressskala nun gesunken ist. Falls ja, wird das Erreichte wiederum mit der Tonleiter (siehe S. 71) gefestigt. Falls nicht, sollten Sie noch einmal prüfen, ob der Aspekt korrekt benannt ist. Ist die Skala noch nicht auf 0 gesunken, führen Sie einen weiteren Klopfakupressurdurchgang aus.

Klopfakupressur

Klopfen Sie alle 14 Punkte auf der rechten Körperseite kräftig und sagen Sie wieder laut: »Meine restliche Angst vor Hunden, meine restliche Angst vor Hunden ...«. Überprüfen Sie das Ergebnis anschließend wieder anhand der Stressskala.

Möglicherweise sinkt der Wert auf der Stressskala nur sehr langsam oder gar nicht. Der Mensch tendiert zur Bewahrung und lehnt zunächst jede Veränderung ab. Der plötzliche vollkommene Verlust der Angst vor Hunden kann daher sogar bedrohlich sein: Wie wird die nächste Begegnung mit einem Hund ablaufen, wenn das bisher immer mit Angst verbunden war? Deshalb wollen Sie möglicherweise auf einer bestimmten Stufe der Skala stehen bleiben. Festigen Sie dieses Ergebnis mit der Tonleiter – zu einem späteren Zeitpunkt wird es möglich sein, die Angst ganz loszulassen.

Mögliche Nebenwirkungen

Nebenwirkungen treten bei der Energiefeld-Therapie sehr selten auf. Möglicherweise kommt es bei der ersten Behandlung zu folgenden Symptomen:

- Leichtes Schwindelgefühl / Kreislaufschwankungen
- Weiche Knie
- Gefühl der Ermattung, Müdigkeit
- Erinnerungen können auftauchen und zu neuen Aspekten führen; diese erfordern weitere Behandlungsabläufe mit dem neuen Aspekt

Falls Sie unter schweren psychischen Problemen leiden, die eine ärztliche Behandlung (z. B. mit Medikamenten) erfordern, sollten Sie unbedingt therapeutische Hilfe in Anspruch nehmen. In diesem Fall sind Sie durch die Selbstanwendung überfordert.

Zu einem Schloss brauchen Sie den richtigen Schlüssel – ohne den Aspekt korrekt zu benennen bleibt der an der Stressskala messbare Erfolg aus.

Fokus finden

und setzen

Eingrenzen des Themas – der Aspekt

Erfahrungsgemäß ist das Erlernen des Behandlungsablaufs der Klopfakupressur, also das Erlernen der Technik selbst, recht einfach. Wenn Sie ihn einige Male geübt haben, werden Sie so sicher sein, dass Sie auf den Spiegel verzichten können. Als weitaus schwieriger gestaltet es sich, den passenden Satz, den Fokus, zu finden. Er muss so individuell und genau sein wie Ihre PIN am Bankautomaten oder Ihr persönliches Passwort, das Ihnen den Zugang zu Ihrem Computer ermöglicht.

Oft können uns gute Freunde auf ein Verhalten aufmerksam machen, das uns selbst nicht bewusst ist oder das wir aus einem Schutzmechanismus heraus nicht sehen wollen. Dies kann sehr hilfreich bei der korrekten Benennung des Aspekts sein.

Wird der Fokus nicht genau getroffen, sinkt auch die Stressskala nicht – am Bankautomaten bekommen Sie auch kein Geld, wenn Sie Ihre PIN falsch eingeben. Dies ist ein häufiger Grund dafür, dass Selbstanwender resignieren und die Energiefeld-Therapie, dieses nützliche Werkzeug, im wahrsten Sinne des Wortes »aus der Hand legen«. Es stehen Ihnen jedoch zahlreiche Hilfestellungen zur Verfügung, mit denen Sie zum Erfolg kommen.

Überwindung des »blinden Flecks«

Für das ganz genaue Benennen des Themas gilt es zunächst noch einmal zu klären, ob das Gebiet selbst gesehen werden kann oder es sich vielleicht um einen »blinden Fleck« handelt (siehe S. 43). Hier kann das Gespräch mit einer Person Ihres Vertrauens hilfreich sein. Im Hinblick auf das »offene« und das »geheime« Gebiet können Sie mit der Information an das Unbewusste prüfen, ob der Satz passt. Oftmals spüren Sie beim Reiben des »heilenden Punktes« und beim Aussprechen der selbstbejahenden Akzeptanz schon, dass der Satz noch nicht stimmig ist.

Konkreter körperlicher Schmerz

Absolut unabdingbar für den Erfolg ist es, den Schmerz genau zu lokalisieren. Wenn Sie beispielsweise Kopfschmerzen haben, sollten Sie sich fragen: »Wo sitzt der Schmerz?« (beispielsweise hinter dem rechten Ohr) und »Wie ist der Schmerz?« (beispielsweise dumpf, stechend, brennend). Anschließend führen Sie die Energiefeld-Therapie folgendermaßen durch:

- Einschätzen des stechenden Schmerzes hinter dem rechten Ohr auf der Stressskala; Ergebnis z. B.: 9.
- Formulierung der selbstbejahenden Akzeptanz: »Obwohl ich diesen stechenden Schmerz hinter dem rechten Ohr habe, liebe und akzeptiere ich mich voll und ganz.«
- Klopfakupressur: Klopfen Sie die Punkte auf der linken Körperhälfte mit dem Aspekt, der sich herauskristallisiert hat, z. B. »mein stechender Schmerz hinter dem rechten Ohr«.

Je genauer Sie den Schmerz eingrenzen können, desto erfolgreicher wird die Behandlung mit der Klopfakupressur sein.

Körperliche Schmerzen können so stark und durchdringend sein, dass Sie außer ihnen nichts anderes mehr wahrnehmen. Wenden Sie die Klopfakupressur rechtzeitig an, dann ist sie am effektivsten.

Bei der Übung der »Tonleiter« kommen die Elemente des NLP bei der Energiefeld-Therapie zum Tragen. Sie dienen dazu, beide Gehirnhälften gleichermaßen zu stimulieren und zu harmonisieren.

▸ Überprüfen Sie anschließend das Ergebnis auf der Stressskala. Meist verändert sich der körperliche Schmerz schon nach dem ersten Klopfdurchgang, oder der Schmerzort verlagert sich.

Wenn Sie mit dem Ergebnis zufrieden sind, können Sie mit einem neuen Behandlungsablauf der Energiefeld-Therapie mit einem anderen Aspekt beginnen. Sollte der vorherige Aspekt jedoch noch stimmen, ist der Schmerz aber geringer geworden, führen Sie bitte die Tonleiter (siehe S. 71) durch und schließen mit einem Durchgang auf der rechten Körperseite mit ab, wobei Sie beim Klopfen »mein restlicher Schmerz hinter dem rechten Ohr« sagen.

Die Übung der »Tonleiter« dient als Festigung der bisherigen Ergebnisse; dadurch werden die verschiedenen Gehirnfunktionen hinsichtlich des Themas ins Gleichgewicht gebracht.

Zwei Ebenen überlagern sich

Die Energiefeld-Therapie arbeitet ganzheitlich. Hat sich ein körperlicher Schmerz nur wenig gelindert oder bleibt er konstant, drängt sich fast zwangsläufig ein emotionaler Aspekt in den Vordergrund. Dies soll anhand eines Beispiels erläutert werden.

Der belastende körperliche Schmerz wird mit »Schmerz im Hals« beschrieben. Beim Eingrenzen des Fokus ergibt sich Folgendes:

- Wie fühlt sich Schmerz an? > brennend
- Wann ist das Brennen da? > fast immer, mal stärker, mal schwächer
- Wo genau ist es im Hals? > im Kehlkopf, ich kann nicht schlucken
- Was sage ich zu mir selbst, wenn ich den Schmerz im Hals fühle? > mein Feuer im Hals

Daraus ergibt sich das Passwort für den Behandlungsablauf der Energiefeld-Therapie: »mein Feuer im Hals«, das eine 9 auf der Stressskala bekommt. Die selbstbejahende Akzeptanz lautet folgerichtig: »Obwohl ich das Feuer im Hals habe, liebe und akzeptiere ich mich voll und ganz.«

Manchmal ergeben sich die passenden Aspekte erst im längeren Verlauf einer Behandlung. Üben Sie sich in Geduld und geben Sie nicht vorzeitig auf!

Wenn es nicht mehr weiter geht

Nachdem die Klopfakupressur mit »mein Feuer im Hals« den Wert auf der Stressskala auf 5 sinken ließ, bleibt er dort stehen. Nun muss der Fokus weiter eingegrenzt, zusätzliche Informationen aus anderen Bereichen der Aspekte (z. B. der Gefühlsebene) müssen abgefragt werden.

- Wenn ich von »meinem Feuer im Hals« spreche, was fühle ich dabei? > Ärger
- Fühle ich dabei sonst noch etwas? > Ärger und Wut

Das neue Passwort lautet: »mein Ärger und meine Wut auf mein Feuer im Hals«. Die Stressskala sinkt wieder von 10 auf 5 und bleibt dann erneut stecken. Während des Klopfens hat sich ein Gedanke festgesetzt: »Ich ärgere mich gar nicht über das Feuer im Hals! Erst ärgere ich mich über etwas und bin wütend. Aber das sage ich gar nicht, stattdessen bekomme ich das Feuer im Hals.«

Wenn man nun diesen neuen Aspekt aufnimmt, kann man den Fokus noch weiter eingrenzen:

▸ Wenn ich nicht sage, was mich ärgert, und stattdessen Feuer im Hals habe, wie fühle ich mich dann und was denke ich über mich?
> Ich bekomme Magenschmerzen und denke: »Ich könnte es auch sagen. Aber ich traue mich nicht. Mir fehlt der Mut.«
Nun müssen Sie sich fragen: Was stört Sie mehr? Die Magenschmerzen oder der fehlende Mut? Lautet die Antwort: »der fehlende Mut«, fragen Sie sich, wie Sie das ganz für sich formulieren würden. Wahrscheinlich würden Sie eher sagen: »Ich fühle mich klein.« Sichern Sie dieses korrekte Passwort nun ab und bewerten Sie es auf der Stressskala. Die selbstbejahende Akzeptanz lautet »Obwohl ich mich klein fühle und mich nicht traue, liebe und akzeptiere ich mich voll und ganz.«
Bei einem Durchgang der Klopfakupressur (»mein Gefühl, klein zu sein«) sinkt die Bewertung auf der Stressskala zunächst auf 7 und dann auf 4. Anschließend ist das Feuer im Hals verschwunden, und der Gedanke wird laut ausgesprochen: »Ich will nicht immer das Opfer sein.« Diese erreichte Veränderung wird mit der Tonleiter gefestigt. Zum Abschluss wird die Klopfakupressur auf der rechten Körperseite mit dem Satz »meine Vorfreude, kein Opfer mehr zu sein« durchgeführt.

Bei der Fokussierung eines emotionalen Themas ist es besonders wichtig, dass Sie ganz ehrlich zu sich selbst sind. Nur dann können Sie optimal von der Behandlung profitieren. Und die führen Sie schließlich für sich, nicht für andere durch.

Emotionale Themen

Bei der Satzfindung für die Arbeit mit Gefühlen ist es hilfreich, sich folgende Fragen zu stellen: Seit wann habe ich das betreffende Gefühl? Wie fühle ich mich, wenn ich jetzt daran denke? Woran erinnert mich das? Wann hatte ich das Gefühl zum ersten Mal? Hat dieses Gefühl mit einer bestimmten Situation oder Person zu tun? Manchmal ist es nicht möglich, für die oben genannten Fragen den passgenauen Fokus zu finden. Es kann vorkommen, dass Sie in dieser

Lassen Sie sich Zeit

Bitte akzeptieren Sie, dass Sie ganz alleine für Ihr Wohlbefinden verantwortlich sind. Setzen Sie sich nicht unter erneuten Stress, weil Sie den passgenauen Fokus nicht gefunden haben. Dann ist die Zeit noch nicht reif, vielleicht brauchen Sie das Thema noch. Ihr Unterbewusstsein hat jetzt die Vorabinformationen erhalten und wird sich damit beschäftigen. Zu gegebener Zeit wird es Ihnen den Fokus signalisieren.

Situation schon zu weit von Ihrem Gefühl entfernt sind und gar nicht mehr genau wissen, wie Sie sich fühlen. In diesem Fall hat es sich bewährt, gewissermaßen über die Sinne ein Tor zu öffnen. Versuchen Sie, folgende Fragen zu beantworten:

- Was höre ich, wenn ich an dieses Thema denke?
- Was sehe ich, wenn ich an dieses Thema denke?
- Was sage ich zu mir selbst über dieses Thema?
- Was höre ich andere dann sagen?
- Wie bewerte ich andere, die an diesem Thema beteiligt sind?
- Wo fühle ich eine körperliche Reaktion, wenn ich an das Thema denke?
- Wie beeinflusst das Thema meine Stimmung, meine Lebensfreude, meine Seele?
- Was regt mich am meisten an diesem Thema auf?

Die Meinung anderer ins Blickfeld zu rücken, kann manchmal ebenfalls dabei helfen, den Aspekt genauer einzugrenzen – Sie merken dann eher, was Sie am meisten stört.

Sprachebenen

Wie bereits erwähnt, ist es unbedingt erforderlich, die Blockade im Körper mit den Worten anzusprechen, die Sie kennen. Stellen Sie sich vor, Sie sind in Norddeutschland und verlangen beim Bäcker eine

»Semmel«. Der Bäcker wird irritiert sein. Auf den Wunsch nach einem »Brötchen« wird er sofort reagieren. Ähnlich verhält es sich mit der Energieblockade.
Wenn sich beispielsweise ein Patient, der an einer Allergie leidet, beim Benennen des Aspekts gewählt ausdrücken will, formuliert er »Obwohl ich eine verstopfte Nase habe, liebe und akzeptiere ich mich voll und ganz.« Doch schon beim Reiben des »heilenden Punktes« spürt er, dass dieser Satz nicht passt. Wie würde er es gewissermaßen im stillen Kämmerlein formulieren, wenn es keiner hört? »Meine scheiß dichte Nase!« – der korrekte Fokus ist gefunden.

Kinder sprechen eine andere Sprache

Kinder haben ein sehr genaues Gespür für den richtigen Satz. Unterstützen Sie die Satzfindung durch positives Nachfragen!

Wenn Sie die Energiefeld-Therapie bei Ihrem Kind anwenden wollen, müssen Sie sich auf seine Art, Dinge zu formulieren, einlassen. Wenn das Kind beispielsweise darüber klagt, dass es immer alles falsch

Die Sprache der Tiere

Wenn Sie ein Tier mit der Energiefeld-Therapie behandeln möchten, sollten Sie sich gedanklich in die Situation des Tieres versetzen. Wählen Sie den Satz stellvertretend für das Tier und reiben Sie bei sich den »heilenden Punkt«.
Beobachten Sie das Tier, während Sie laut sprechen; Tiere sind äußerst feinfühlig, und Sie werden an der Reaktion des Tieres spüren, ob der Satz passt oder nicht.
Je näher Ihnen das Tier gefühlsmäßig steht, desto leichter werden Sie den entsprechenden Fokus finden. Versuchen Sie, sich in das Tier hineinzuversetzen. Sie werden dann die entsprechende Stimmlage treffen und das Tier erreichen.

macht, dass andere alles besser können und es sich blöd findet, können Sie vorschlagen: »Obwohl ich so blöd bin, bin ich trotzdem ein kluges Mädchen.« Wenn Sie jedoch merken, dass der Gesichtsausdruck Ihrer Tochter beim Reiben des »heilenden Punktes« unzufrieden ist, sollten Sie nachfragen: »Könntest du das nicht viel besser sagen?« Möglicherweise würde Ihre Tochter das Gefühl dann eher so formulieren: »Obwohl ich so eine blöde Ziege bin, bin ich trotzdem ein ganz tapferes Mädchen.«
Nun ist der Satz passgenau. Die Skala für das Gefühl, eine blöde Ziege zu sein, ist auf 10 und nach zwei Durchgängen bereits auf 0. Dann kommt die Erkenntnis: Ich bin genauso gut wie andere.

Die Filmtechnik heißt so, weil Sie alle möglichen Aspekte vor Ihrem inneren Auge an sich vorüberziehen lassen, bis Sie den passenden Fokus gefunden haben.

Die Filmtechnik

Trotz allen Bemühens gibt es Situationen, in denen es Ihnen schwer fällt, einen Fokus zu finden. Das ganze Thema ist möglicherweise zu vielschichtig. In diesen Fällen vertrauen Sie dem Zusammenspiel von Gedanken, Körper und Gefühl. Wenden Sie die so genannte Filmtechnik an. Mit ihrer Hilfe wird der jetzt passende Fokus gefunden.
Wenn beispielsweise ein Mensch mit vielen Ängsten den Bereich der Angst nicht eingrenzen kann, ist es möglich zu formulieren: »Obwohl ich vor vielen Situationen und Personen Angst habe, liebe und akzeptiere ich mich so, wie ich bin.« Da kein Einzelaspekt genannt werden kann, entfällt eine Einschätzung auf der Stressskala zunächst.

Brainstorming ohne Druck

Während Sie die linke Körperseite mit der Klopfakupressur behandeln, beginnen Sie die Sätze mit: »meine Angst, wenn …«, »meine Angst vor …« oder »meine Angst bei …«. Zählen Sie, während Sie die

Punkte klopfen, alles auf, was Ihnen gerade einfällt. Fällt Ihnen kurzfristig nichts ein, klopfen Sie einfach weiter. Erfahrungsgemäß kommt es zu dieser Unterbrechung des »Filmablaufs« dadurch, dass das Bewusstsein eine Bewertung vornimmt. Dies ist nicht erforderlich. Zählen Sie sozusagen frei von der Leber weg auf. Es hört ja keiner zu. Nur Ihr Körper und Ihre Gefühle. Klopfen Sie anschließend ohne Unterbrechung nach der linken auch die rechte Körperseite.
Ganz allmählich wird sich ein Aspekt in den Vordergrund gedrängt haben. Mit diesem Aspekt führen Sie dann den Behandlungsablauf der Energiefeld-Therapie durch.

Oft wissen wir gar nicht, wie sehr uns Erlebnisse aus der Kindheit belasten können. Mit der Energiefeld-Therapie öffnen Sie ein Tor zur Vergangenheit und befreien sich von überflüssigem Ballast.

Kindheitserinnerungen

Wenn sich eine vielschichtige Angst als Thema herauskristallisiert hat, steht diese oft in einem Zusammenhang mit der Erinnerung an ein Kindheitserlebnis. Sich diesen Erinnerungen zu stellen kann schmerzhaft sein; bleiben Sie jedoch dabei. Es ist sehr hilfreich, belastende Gefühle und Gedanken aus der Kindheit aufzulösen – sie beeinflussen unbewusst das heutige Handeln.

Jan und Hermann

Während der Filmtechnik erinnert sich ein erwachsener Mann mit Namen »Jan« an eine Situation aus Kindheitstagen. Immer, wenn er bei Familienfeierlichkeiten mit der Großfamilie zusammentraf, war auch Hermann da, ein entfernter Verwandter. Jan fürchtete sich vor diesen Zusammentreffen, da Hermann immer Recht behalten wollte und dafür auch sorgte, indem er Redebeiträge der anderen mit Ironie entwertete. Jan traute sich in seiner Gegenwart nicht mehr, überhaupt noch etwas zu sagen. Am liebsten hätte er sich versteckt und wäre ihm gar nicht begegnet.

Probleme wie die Angst, möglichst frei vor vielen Menschen zu sprechen, können in der Kindheit wurzeln. Durch die Klopfakupressur gelangen Sie zum Kern des Problems.

Diese Erinnerung aus Kindheitstagen führt dazu, dass Jan sich auch heute noch unsicher fühlt, wenn er vor Männern, die in irgendeiner Weise an Hermann erinnern, sprechen soll. Die logische Folge: Redeangst breitet sich aus.

Diesem Zusammenhang kommt Jan folgendermaßen auf die Spur: Zunächst wird die belastende Erinnerung mit einem Behandlungsablauf der Energiefeld-Therapie aufgehoben. Jan versetzt sich noch einmal in die Zeit, als er Angst vor der Begegnung mit Hermann hatte. Dann spricht er gewissermaßen als kleiner Jan in der Gegenwartsform: »Obwohl der kleine Jan solche Angst vor Hermann hat und nichts mehr sagen mag, ist er trotzdem ein tapferer Junge.« Er überprüft das Thema an der Stressskala: Wenn der kleine Jan jetzt daran denkt, wie viel Angst er vor Hermann hat, welches Gesicht macht er da (siehe S. 55)?

Sobald verborgene Zusammenhänge offen zutage treten, ist es möglich, an ihnen zu arbeiten.

Anschließend führt er die Klopfakupressur mit »meine Angst vor Hermann« durch und überprüft das Ergebnis erneut an der Skala. Ist es noch nicht zufriedenstellend, wird die rechte Seite mit »meine restliche Angst vor Hermann« geklopft. Als sich die Angst aus Kindheitstagen aufgelöst hatte, zeigte sich, dass der »kleine Jan« wütend auf seine Eltern war – sie hatten ihn nicht beschützt. Nun wird dieser Aspekt bearbeitet.

Manchmal verschließt sich unser Unterbewusstsein, und wir sind emotional blockiert. Durch positive Botschaften können wir es wieder öffnen.

Bestätigungssätze als »Türöffner«

Manchmal kommt es auch vor, dass Sie genau spüren, den korrekten Fokus gefunden zu haben. Sie möchten an Ihrem Thema arbeiten, möchten etwas verändern – doch die Behandlung mit der Energiefeld-Therapie erbringt die gewünschte Erleichterung nicht. Die Tür zu Ihrem Herzen, zu den Gefühlen, ist verschlossen, und als »Sicherheitsschlösser« hängen festgefahrene Glaubenssätze vor, die auf alte Verletzungen, Ängste oder Verbote deuten. Sprachlich erkennen Sie diese »Sicherheitsschlösser« an den folgenden Formulierungen:

- »Ja, aber ...«
- »Das wird nicht möglich sein.«
- »Das sind doch nur Wünsche.«
- »Eigentlich ...«

Der passende Schlüssel für ein solches »Sicherheitsschloss« ist der Bestätigungssatz, der ein Ziel benennt. Damit wird die Tür geöffnet.

Sich nicht selbst im Weg stehen

Im Folgenden finden Sie einige Vorschläge für positive Bestätigungssätze, mit denen Sie das durch negative Glaubenssätze vorgehängte »Sicherheitsschloss« zu Ihrem Herzen öffnen können. Fügen Sie diese an die selbstbejahenden Akzeptanz »Obwohl ich … habe, liebe und akzeptiere ich mich voll und ganz und …«) an:

- **… möchte, dass sich das ändert.**
- **… bin bereit, dies zu ändern.**
- **… bin bereit, es anders zu sehen.**
- **… bin bereit, alle meine Gefühle ohne Wertung anzunehmen.**
- **… möchte davon genesen.**
- **… es ist vollkommen in Ordnung, dass …**
- **… bin bereit, meinem Immunsystem / Körper / Gefühl zu vertrauen.**
- **… danke meinem Immunsystem für seine Arbeit / seinen Einsatz / seine unermüdliche Tätigkeit.**
- **… lasse meinen Zwang, ständig zu kontrollieren, los.**
- **… nehme meine ganze Kraft für ein zufriedenes, erfülltes Leben.**
- **… bedanke mich bei mir, dass ich jetzt diese schwere Zeit in meinem Leben bearbeite.**
- **… vertraue mir, dass ich mein Ziel erreichen werde .**

»Sobald der Geist auf ein Ziel gerichtet ist, kommt ihm vieles entgegen.«
Johann Wolfgang von Goethe (1749–1832)

Fokus erweitern

Einige positive Bestätigungssätze werden Ihnen vermutlich recht schnell in den Sinn kommen, wenn Sie Ihr Ziel deutlich formulieren können. Darüber hinaus gibt es jedoch einige grundsätzliche Bestätigungssätze, die Sie Ihrer selbstbejahenden Akzeptanz anfügen können, um Ihren Fokus zu erweitern.

Respekt vor sich selbst

Es gibt Situationen und Erlebnisse im Leben, die uns viel abverlangen. Das können Schmerzen in Zusammenhang mit einer Krankheit sein oder traumatische Erlebnisse wie Todesfälle, Unfälle, Überfälle, eine Flucht oder seelischer Kummer in jeglicher Form. Wäre unseren Mitmenschen das Gleiche passiert, würden wir sie bedauern, mit ihnen fühlen. Wir würden ihnen unseren Respekt aussprechen, dass sie diese Zeit durchgestanden haben.

In vielen Fällen bringen wir anderen jedoch sehr viel mehr Anerkennung und Respekt entgegen als uns selbst. Wir machen uns selbst kleiner als wir sind. Beginnen Sie ab heute damit, sich selbst Respekt zu zollen. Für die Heilung einer besonders schmerzhaften Erinnerung

Respekt vor sich selbst hat nichts mit rücksichtslosem Eigennutz zu tun. Wer gelernt hat, sich selbst zu respektieren, tritt auch anderen offener und toleranter gegenüber.

Beispielsätze »Respekt vor sich selbst«

Im Folgenden werden einige Beispielsätze angeboten, die Sie an die selbstbejahende Akzeptanz anhängen können. Probieren Sie beim Reiben des »heilenden Punktes« aus, ob der Satz passt oder ob Sie ihn vielleicht noch umstellen möchten. Auch hier ist Ihre Sprachebene die richtige. »Obwohl ich ... habe, liebe und akzeptiere ich mich so, wie ich bin, und ...«

- **... respektiere mich und alle meine Gefühle.**
- **... respektiere mich dafür, dass ich das alles durchgestanden habe.**
- **... respektiere mich dafür, wie hart das für mich gewesen ist.**
- **... respektiere mich selbst für ...**
- **... respektiere mich auch, obwohl ich noch hin- und hergerissen bin und jetzt keine Entscheidung treffen kann. Das ist in Ordnung, ich bin auf dem richtigen Weg.**

ist es eine gute Möglichkeit, die selbstbejahende Akzeptanz um den Respekt vor sich selbst zu erweitern. Beim oben genannten Beispiel von Jan und Hermann (siehe S. 84ff.) könnte die selbstbejahende Akzeptanz nun folgendermaßen lauten: »Obwohl der kleine Jan sich so allein gelassen fühlte, liebe und akzeptiere ich ihn so, wie er ist, und erkenne an, wie hart die Zusammentreffen mit Hermann damals für ihn gewesen sind.«

Sich selbst vergeben zu können bereitet uns auch auf die Fähigkeit vor, anderen vergeben zu können. Wer es sich selbst zugesteht, Fehler machen zu dürfen, wird sie auch anderen nicht ankreiden.

Sich selbst vergeben

Viele Menschen hadern ein Leben lang mit sich selbst, weil sie sich eine Handlung aus früheren Zeiten nicht vergeben können. Dabei war es ihnen häufig zu dem Zeitpunkt aufgrund ihrer Fähigkeiten oder äußerer Bedingungen gar nicht möglich, anders zu handeln. Sich selbst anzuklagen, ist jedoch Gift für die Seele und hat oftmals auch körperliche Auswirkungen. Befreien Sie sich von diesem Gift, indem Sie sich selbst vergeben. Vorschläge für Beispielssätze finden Sie auf S. 90.

Die Möglichkeit zu wählen

Vielleicht kommen Ihnen Sätze wie die folgenden bekannt vor: »Ich habe gelernt, mit dem Schmerz zu leben.«, »Das Leben ist eben eins der härtesten.«, »Es hat eh alles keinen Zweck – da kann ich machen, was ich will.« Manchmal stecken wir so tief in Gedanken, Schmerzen oder Gefühlen fest, dass wir die Möglichkeit, dass es auch einen anderen Weg gibt, völlig vergessen. Um hier einen positiven Aspekt erst einmal zuzulassen, kann die selbstbejahende Akzeptanz um eine Wahlmöglichkeit erweitert werden. Vorschläge für Beispielssätze finden Sie auf S. 91.

Beispielsätze »Sich selbst vergeben«

Hängen Sie an die selbstbejahende Akzeptanz einen Satz dafür an, dass Sie sich selbst vergeben. Achten Sie auf jeden Fall darauf, dass es Ihre eigene Wortwahl ist und Sie nicht aus der Sicht anderer Menschen heraus formulieren. Sie leisten diese Vergebungsarbeit nur für sich, nicht, um anderen inneren Frieden zu gewähren! »Obwohl ich ... habe, liebe und akzeptiere ich mich voll und ganz ...«:

- Ich konnte als kleiner Jan nicht anders handeln und vergebe mir dafür. Ich bin auch bereit, Hermanns Verhalten heute anders zu sehen, ihn nicht vorschnell zu verurteilen. Vielleicht hatte er keine andere Möglichkeit. Ich bin bereit, ihm zu vergeben und brauche die Erinnerung nicht länger.
- Ich vergebe mir dafür, dass ich mich im beruflichen Fortkommen so lange durch die eigene Redeangst blockiert habe. Bis heute hatte ich die entsprechenden Erkenntnisse noch nicht. Jetzt, da ich sie habe, kann ich mit ihnen arbeiten.
- Ich vergebe mir dafür, dass ich nach der Bandscheibenoperation zu ungeduldig war und zu früh wieder schwer getragen habe, obwohl mich der Arzt davor gewarnt hatte. Ich vergebe mir dafür, dass ich durch mein unkluges Verhalten erneute Beschwerden hatte. Zu dem Zeitpunkt habe ich mich nicht wichtig genug genommen. Daraus habe ich gelernt.
- Obwohl ich mich immer noch zutiefst schäme, dass ich mein Kind geschlagen habe, akzeptiere ich, dass ich zum damaligen Zeitpunkt nicht anders handeln konnte. Ich vergebe mir selbst dafür und werde auch mein Kind um Vergebung bitten. Ein solches Verhalten wird ganz bestimmt nicht wieder vorkommen. Ich liebe und akzeptiere mich voll und ganz.

Nur wer eigene Worte findet, kann sich selbst vergeben. Die Beurteilung anderer bleibt hier außen vor.

Beispielsätze »Wahlmöglichkeit«

Wenn Sie spüren, dass es keine positive Veränderung während eines Behandlungsdurchlaufs mit der Energiefeld-Therapie gibt, sollten Sie erwägen, Ihren Fokus durch das Anfügen einer Wahlmöglichkeit zu erweitern. Wenn Sie z. B. zu Beginn das Thema »mein unerträglich juckendes rechtes Auge« auf der Stressskala mit 10 bewertet haben, und der Stresspegel nach mehreren Behandlungsabläufen nur auf 8 gesunken ist, sollten Sie zunächst mit der Tonleiter (siehe S. 71) festigen. Offenbar verhindert irgendetwas, dass der Juckreiz weiter nachlässt. Wir wissen nicht, was es ist. Vielleicht laufen unbewusst Gedanken ab, etwa: »Den Juckreiz kennst du schon, der wird sowieso nicht weniger, jetzt blühen ja gerade die Birken.«
Um aus der Blockade herauszukommen, können Sie die selbstbejahende Akzeptanz erweitern: »Obwohl mein rechtes Auge unerträglich juckt, liebe und akzeptiere ich mich voll und ganz und wähle, den Juckreiz loszulassen.« Erweitern Sie die Sätze mit Ihren eigenen Worten:

- Ich wähle, mich für ... zu entscheiden.
- Ich wähle, darauf mit ... zu antworten.
- Ich wähle ...
- Ich wähle, den Schmerz, die Gedanken, die Kontrolle etc. loszulassen.
- Ich wähle, frei zu sein von ...
- Ich wähle zu akzeptieren, dass ...
- Ich wähle einzusehen, dass ...
- Ich wähle, den Worten von ... Gehör zu schenken.
- Ich wähle gesünder / positiver zu leben oder positiver zu denken.
- Ich wähle, mehr Selbstvertrauen zu haben und auch anderen mehr zu vertrauen.

Steigern Sie den Erfolg der Energiefeld-Therapie durch den Einsatz einer Wahlmöglichkeit!

Das Ziel erreichen – den Zweifel bearbeiten

Sie haben sich mit Hilfe der Bestätigungssätze ein Ziel vorgenommen. Es kann sein, dass sich Zweifel bemerkbar machen, ob Sie dieses Ziel wirklich erreichen können. Die Gründe für das Zweifeln sind häufig zunächst nicht konkret benennbar. Fragen Sie sich:

- »Wie werde ich mich fühlen, wenn ich mein Ziel erreicht habe?«
- »Was werde ich zu mir selbst sagen, wenn ich mein Ziel erreicht habe?«
- »Was werden andere über mich sagen, wenn ich mein Ziel erreicht habe?«
- »Wo im Körper werde ich spüren, dass ich mein Ziel erreicht habe?«

Rückwärtsklopfen bedeutet, dass Sie Ihren Zweifel, dass Sie Ihr Ziel jemals erreichen werden, bearbeiten. Auch wenn Sie ihn zu Beginn des Rückwärtsklopfens sehr hoch einschätzten, wird er im Verlauf der Behandlung immer weniger werden und schließlich ganz verschwinden.

Die Technik des Rückwärtsklopfens

Um diese Zweifel aufzulösen, wird die Technik des so genannten Rückwärtsklopfens angewandt. Beantworten Sie dafür zunächst die folgende Frage: »Wie weit sind Sie von Ihrem Ziel entfernt?« Wählen Sie einen Wert zwischen 0 und 10 – 0 bedeutet »unerreichbar weit«, 5 »auf halbem Weg« und 10 »Ziel erreicht«.

Wird die Migräne jemals ganz verschwinden?

Sie leiden unter Migräne und haben schon fast alles probiert. Sie nehmen Medikamente, versuchen es mit Entspannungsübungen und Autosuggestion oder liegen einfach still in einem abgedunkelten Raum. Nichts hat bisher geholfen, deshalb sind Sie auch bei der Energiefeld-Therapie skeptisch. Benennen Sie dies als Fokus mit der Erweiterung der Wahlmöglichkeit: »Obwohl ich Zweifel habe, meine

Migräne jemals ganz zu überwinden, liebe und akzeptiere ich mich voll und ganz und bin bereit, ohne Migräne zu leben.« Bewerten Sie den Zweifel, die Migräne jemals zu überwinden und ohne Migräne zu leben, auf der oben genannten Skala; vielleicht geben Sie ihm eine 2 (Sie sind sehr weit von Ihrem Ziel entfernt).

Zweifel sind eine ganz normale menschliche Reaktion. Machen Sie es sich nicht zusätzlich schwer, indem Sie sich selbst für Ihren Zweifel beschimpfen.

Führen Sie die Klopfakupressur mit »mein Zweifel, die Migräne jemals zu überwinden und ohne Migräne zu leben« durch und bewerten Sie den Zweifel anschließend erneut. Möglicherweise liegt er jetzt bei 5 (»auf halbem Weg«). Klopfen Sie nun die rechte Körperseite mit »mein restlicher Zweifel, die Migräne jemals zu überwinden und ohne Migräne zu leben«. Wiederholen Sie den Vorgang so lange, bis das Ziel erreicht ist.
Bei körperlichen Beschwerden hat es sich bewährt, Unterstützendes oder Dankbarkeit nach Erreichen des Ziels zur positiven Verstärkung einfließen lassen: »Ich liebe und akzeptiere mich für mein starkes, abwehrendes Immunsystem und werde es gut versorgen.«

Machen Sie sich von Zeit zu Zeit bewusst, wie viel Ihr Körper, Ihr Geist und Ihre Seele für Sie tun. Bedanken Sie sich für die Kraft, die Sie in sich tragen und erwecken können.

Entstehung der Selbstsabotage

Mit Selbstsabotage ist eine innere Reaktion gemeint, die man mental nicht steuern kann. Der Verstand signalisiert, dass man etwas möchte, doch aus unerfindlichen Gründen verhält man sich gerade so, dass das Gegenteil erreicht wird. Man sabotiert den eigenen Erfolg – ungewollt. Dr. Roger Callahan entdeckte, dass in diesen Fällen die Polaritäten im Energiesystem vertauscht sind: Aus Positiv wird Negativ und umgekehrt. Der häufigste Grund hierfür ist negatives Denken.

Die verschiedenen Richtungen der Psychologie liefern für die Selbstsabotage zahlreiche unterschiedliche Erklärungsmodelle. Die Energiefeld-Therapie geht davon aus, dass in der Vergangenheit (vielleicht Kindheit) im Unterbewusstsein eine Information gespeichert wurde, die mit einer emotionalen Reaktion gekoppelt ist. Die Information tritt aus dem Unterbewusstsein immer dann wieder zutage, wenn der passende Aspekt berührt wird.

Möglicherweise gönnen Sie sich auch den Erfolg nicht, weil Sie glauben, ihn nicht verdient zu haben. Es lohnt sich, auch diesen Aspekt zu verfolgen und mit der Klopfakupressur zu bearbeiten.

Energetische Umkehrung

Wie sich eine solche Selbstsabotage verselbstständigen kann, lässt sich anhand des folgenden Beispiels veranschaulichen: In Ihrer Kindheit wurden Sie für angepasstes Verhalten belohnt. Wollten Sie Ihren Willen durchsetzen, gab es eine Bestrafung (Gefühl), verbunden mit dem Satz (Information): »Kinder mit einem Willen bekommen was auf die Brillen.« Heute sind Sie in Ihrem Berufsfeld hervorragend ausgebildet und hätten jetzt die Chance, eine leitende Position in Ihrer Firma zu übernehmen.

Sie wünschen sich nichts sehnlicher, als diesen Karrieresprung zu machen. Bei dem Gespräch mit dem Vorstand des Unternehmens sind Sie jedoch unsicher, geben ausweichende Antworten und zeigen Ihr Fachwissen, Ihre Stärken und Ihren Willen nicht. Das Resultat: Sie bekommen einen neuen Vorgesetzten.

Sich des eigentlichen Problems bewusst werden

Sie sind wütend – vielleicht auf sich selbst, weil Sie, wie Sie glauben, im entscheidenden Moment versagt haben. Vielleicht sind Sie auch wütend auf den Vorstand, dass er Ihnen keine zweite Chance gibt. Wie Sie im Einzelfall reagieren, hängt von Ihrem Selbstbild und Ihrem Temperament ab.
Was Ihnen allerdings nicht bewusst ist, ist, dass es Ihnen eigentlich an Durchsetzungsvermögen, an Willen gemangelt hat. Vielmehr sagen Sie: »Ich werde nie erfolgreich sein« und verdeutlichen dies durch eine entsprechende Körpersprache (trauriges Gesicht, hängende Schultern). Je nach Temperament wird Ihre Reaktion darauf wiederum hoffnungslos, feindselig oder sarkastisch sein.

Vertrauen Sie Ihrem Körper. Er kann Ihnen durch seine Sprache (Haltung, Mimik, Gestik) wertvolle Hinweise auf zugrunde liegende Probleme geben.

Negativität blockiert

In einer solchen Situation ist es möglich, dass die Energiefeld-Therapie nicht den gewünschten Erfolg bringt. Wenn die positiven Veränderungen nicht von Dauer sind oder sich möglicherweise gar keine oder nur geringe Erfolge abzeichnen, sollten Sie in Erwägung ziehen, dass eine so genannte Polaritätsumkehrung (PU) vorliegt. Eine solche energetische Umkehrung von Positiv zu Negativ und Negativ zu Positiv hindert uns daran, den eigentlich zugrunde liegenden Aspekt zu bearbeiten. Wir können ihn nicht erkennen, da er im unbewussten Gebiet liegt. Negative Gedanken und Gefühle blockieren den Energiefluss im Körper.

Erkennen der Polaritätsumkehrung

Eine Polaritätsumkehrung kann sich in vielen Varianten zeigen. In den meisten Fällen betrifft sie nur einen Bereich. Die betroffenen Menschen sind zwar »alltagsfit«, zeigen in einem bestimmten Bereich aber eine Schwäche.

Beispielsweise schaffen sie es nicht, dauerhaft Gewicht zu reduzieren, mit dem Rauchen aufzuhören oder – bei Kindern und Jugendlichen – in einem bestimmten Fach gute Noten zu schreiben. Sie sind wunderbare Leichtathleten, nur im Weitsprung versagen sie. Vielleicht haben die betroffenen Menschen auch immer wieder unglückliche Beziehungen.

Manchmal leiden Menschen auch an einer chronischen Umkehr. Dann arbeitet das Energiesystem komplett gegen sie. Dies zeigt sich möglicherweise in Depressionen, Suchtkrankheiten und psychosomatischen Erkrankungen. Eine Polaritätsumkehrung verhindert die Heilung in dem betroffenen Lebensbereich. Sie ist jedoch keinesfalls eine Charakterschwäche.

Sobald Sie beginnen, einen Schmerz, ein Verhalten oder belastende Gefühle schön zu reden oder zu verteidigen, sollten Sie eine Polaritätsumkehrung in Betracht ziehen.

Sprachmuster der Polaritätsumkehrung

Die Polaritätsumkehrung kann man selbst am leichtesten an der Sprache erkennen. Sie bekräftigen, eine Verbesserung Ihres Lebens herbeiführen und bestimmte Probleme lösen zu wollen. Für das Scheitern geben Sie eine Erklärung (von außen betrachtet, würde man sagen eine Ausrede) ab.

Polaritätsumkehrung für bestimmte Lebensbereiche

Im Folgenden finden Sie einige Beispiele für Erklärungen, warum ein bestimmtes Problem nicht gelöst werden kann. Sehr wahrscheinlich ist, dass diesen Fällen eine Polaritätsumkehrung zugrunde liegt:

- »Ich habe nun einmal Angst vor Mäusen, da kann man nichts machen. Jeder hat vor irgendetwas Angst.«
- »Ohne meine Morgenzigarette hätte ich eine schlechte Verdauung.«
- »In meiner Familie sind alle dick, da wird sich bei mir auch nichts ändern, egal, was ich mache.«
- »Ich hasse diese Naturwissenschaften, das kann ich einfach nicht begreifen.«
- »Ich werde meinen Mann immer lieben, egal, was er mir angetan hat.«
- »Wenn ich mit dem Trinken aufhöre, fange ich bestimmt an zu rauchen, und das ist genauso schädlich.«

Hinter diesen Sprachmustern verbirgt sich vielleicht eine allumfassende Polaritätsumkehrung:

- »Mein Leben ist nun einmal schwer und wird es bleiben.«
- »Ich werde niemals glücklich sein, das ist schon immer so gewesen.«
- »Ich werde nicht gesund sein / werden, egal, was ich dafür tue.«
- »Ich habe es nicht verdient, glücklich / gesund / erfolgreich zu sein.«
- »Ich habe wenig Lebenskraft. Meine Eltern wollten gar kein Kind mehr. Ich war von Anfang an so zart und schwach …«

Negative Überzeugungen zerren wie Ketten an uns. Sie behindern uns und versperren uns die Sicht auf positive Veränderungen.

Auflösung der Polaritätsumkehrung

Wenn Sie erkennen, dass eine Polaritätsumkehrung vorliegt, müssen Sie diese Erkenntnis zunächst einmal akzeptieren. Dies ist der erste Schritt zur Auflösung. Als Nächstes gehen Sie systematisch die Punkte auf S. 101ff. durch. Reiben oder klopfen Sie die genannten Punkte und sprechen Sie mindestens dreimal laut die vorgegebenen Sätze nach. Erfahrungsgemäß fühlen Sie, ob der Satz zu Ihnen passt. Anschließend können Sie damit den Ihnen bereits bekannten Ablauf der Klopfakupressur durchführen (siehe S. 72f.).

Die Auflösung der Polaritätsumkehrung erfolgt jeweils durch neue, positive Gedanken. Die Auflösungssätze klingen teilweise irrational – doch genau dies ist die Lösung. Denn der irrationale Glaubenssatz hat bisher den Erfolg verhindert. Er wird durch eine neue Information korrigiert.

Die auf S. 101ff. vorgeschlagenen Sätze sind teilweise den Büchern von Lambrou/Pratt (»Emotionales Selbstmanagement«), Dr. Kaufmann (»Ängste, Phobien und andere unnötige Lasten«) und Fred P. Gallo (»Energetische Psychologie«) sowie den Homepages von Gary Craig, Maya deVries und Gerald Stiehler entnommen. Siehe dazu S. 158f.

Korrektursätze für Polaritätsumkehrungen

Verwenden Sie für Ihr Problem die genaue Benennung des Problems. Klopfen oder reiben Sie die benannten Stellen, während Sie mindestens dreimal laut den Korrektursatz sprechen. Nehmen Sie sich die Zeit und arbeiten Sie alle Sätze auf S. 101ff. der Reihe nach durch. Manche Sätze werden Sie innerlich sofort ablehnen und von sich weisen. Gerade diese Sätze, die vom Verstand abgelehnt werden, erreichen das Unterbewusstsein und veranlassen die Auflösung der Selbstsabotage.

Auf einen Blick – die Korrektursätze

Es ist möglich, dass eine Kombination von mehreren Polaritätsumkehrungen vorliegt. Probieren Sie auch frei gewählte Kombinationen aus, wenn mit den hier vorgegebenen Korrektursätzen keine Lösung erreicht wird. Erweitern Sie die Liste auch mit eigenen Ideen und Ergänzungen.

Thema	Klopfakupressurpunkt	Korrektursatz
Allumfassend	»Heilender Punkt«	»Ich liebe und akzeptiere mich so, wie ich bin, mit allen meinen Fehlern und Problemen.«
Allumfassend	»Heilender Punkt«	»Ich liebe und akzeptiere mich so, wie ich bin, auch wenn es für mich unvorstellbar ist, dass mir die Energiefeld-Therapie helfen kann, mein Problem jemals zu überwinden.«
Nicht loslassen können	»Heilender Punkt«	»Ich liebe und akzeptiere mich so, wie ich bin, auch wenn ich dieses Problem behalten will.«
Zukunft	Klopfpunkt 4 (Unter der Nase)	»Ich liebe und akzeptiere mich so, wie ich bin, auch wenn ich dieses Problem behalten werde.«
Selbstachtung (etwas verdienen)	Klopfpunkt 5 (Unter der Lippe)	»Ich liebe und akzeptiere mich so, wie ich bin, auch wenn ich es nicht verdiene, dass das Problem verschwindet.«

Bei der Auflösung der Polaritätsumkehr ist Hartnäckigkeit gefragt. Gehen Sie jedem Korrektursatz nach, so unsinnig er Ihnen auch erscheinen mag.

Auf einen Blick – die Korrektursätze

THEMA	KLOPFAKUPRESSURPUNKT	KORREKTURSATZ
Sicherheit	»Heilender Punkt«	»Ich liebe und akzeptiere mich so, wie ich bin, auch wenn es für mich gefährlich / riskant ist, das Problem zu überwinden.«
Sicherheit anderer	»Heilender Punkt«	»Ich liebe und akzeptiere mich so, wie ich bin, auch wenn es für andere riskant ist, wenn ich das Problem überwinde.«
Erlaubnis	»Heilender Punkt«	»Ich liebe und akzeptiere mich so, wie ich bin, auch wenn ich mir nicht erlaube, mein Problem zu überwinden.«
Motivation	»Heilender Punkt«	»Ich liebe und akzeptiere mich so, wie ich bin, auch wenn ich nicht alles Notwendige tue, um mein Problem zu überwinden.«
Vorteil	»Heilender Punkt«	»Ich liebe und akzeptiere mich so, wie ich bin, auch wenn ich keinen Vorteil davon habe, mein Problem zu überwinden.«
Vorteil anderer	»Heilender Punkt«	»Ich liebe und akzeptiere mich so, wie ich bin, auch wenn andere keinen Vorteil davon haben, dass ich mein Problem überwinde.«

Diese und selbst gewählte Korrektursätze können beliebig miteinander kombiniert werden. Folgen Sie einfach Ihrer Intuition, Ihrer Eingebung.

Auf einen Blick – die Korrektursätze

Thema	Klopfakupressurpunkt	Korrektursatz
Besonderheit	»Heilender Punkt«	»Ich liebe und akzeptiere mich so, wie ich bin, auch wenn ich eine besondere Blockade habe, die mich davon abhält, mein Problem zu überwinden.«
Nutzen	»Heilender Punkt«	»Ich liebe und akzeptiere mich so, wie ich bin, auch wenn es für mich nicht gut ist, mein Problem zu überwinden.«
Nutzen für andere	»Heilender Punkt«	»Ich liebe und akzeptiere mich so, wie ich bin, auch wenn es für andere nicht gut ist, wenn ich das Problem überwinde.«
Verlust	»Heilender Punkt«	»Ich liebe und akzeptiere mich so, wie ich bin, auch wenn mir etwas fehlen wird, wenn ich das Problem überwinde.«
Identität	»Heilender Punkt«	»Ich liebe und akzeptiere mich so, wie ich bin, auch wenn ich meine Identität verliere, wenn ich dieses Problem überwinde.«
Abhängigkeiten	»Heilender Punkt«	»Ich liebe und akzeptiere mich so, wie ich bin, auch wenn ich etwas weggenommen bekomme, wenn ich mein Problem überwinde.«

Ein letzter Punkt ist die intervenierende Sabotage: Reiben Sie den »heilenden Punkt« und sprechen Sie dabei den Satz: »Ich liebe und akzeptiere mich so, wie ich bin, auch wenn ich nicht glaube, dass diese Behandlung mir dabei hilft, mein Problem dauerhaft (oder: vollständig) zu lösen.«

Die Energiefeld-Therapie ist ein nützliches Mittel zur Selbsthilfe. Manchmal stößt die Selbstbehandlung jedoch an ihre Grenzen – dann sollten Sie einen erfahrenen Therapeuten zurate ziehen.

Grenzen der Selbstbehandlung

Erkrankung als Gegenanzeige

Die Energiefeld-Therapie hilft bei körperlichen und seelischen (emotionalen) Schmerzen. Manchmal steht einer Selbstbehandlung mit der Klopfakupressur aber genau dies im Wege – körperliche Schmerzen, die eine Konzentration auf die Behandlung unmöglich machen. Auch bei sehr ernsten Krankheitsbildern wie Multipler Sklerose (siehe S. 108) oder Krebserkrankungen kann die Energiefeld-Therapie zwar unterstützend angewendet werden, sollte eine Behandlung durch einen erfahrenen Arzt jedoch niemals ersetzen.

Eine neuere Theorie über das »Schmerzgedächtnis« besagt, dass sich der Körper Schmerzen merkt und von Mal zu Mal empfindlicher darauf reagiert. Je früher Sie Ihre Schmerzen bearbeiten, desto größer ist die Chance, sich selbst helfen zu können und sie aufzulösen.

Mangelnde Konzentration durch körperlichen Schmerz

Die Energiefeld-Therapie wird bei Schmerzen leider oft viel zu spät angewendet. Das hängt möglicherweise damit zusammen, dass viele Menschen sich daran gewöhnt haben, Schmerzen erst einmal auszuhalten. Ab dem Moment, in dem sie unerträglich geworden sind, ist es dann in der Regel leider nicht mehr möglich, die Konzentration auf die Energiefeld-Therapie zu lenken.
Sie leiden beispielsweise unter leichten Kopfschmerzen. Der Schmerz ist störend, Sie können ihn aber noch aushalten, und Ihr »innerer Schweinehund« hält Sie davon ab, die Klopfakupressur jetzt anzuwenden. Es fehlt Ihnen die Lust bzw. die Energie dazu. Zwei Stunden später sind die Schmerzen so stark, dass Sie an nichts anderes mehr denken können – nun fehlt jedoch meist die Konzentration und Kraft für die Selbstbehandlung.

Körperlich bedingte psychische Erkrankungen

Es gibt körperliche Erkrankungen, die zu einer indirekten Schädigung des Gehirns führen können. Dazu zählen akut auftretende Störungen, die vorübergehend sein oder sich bessern können, z. B. Herz-Kreislauf-Erkrankungen, Leber- und Nierenerkrankungen, Hormonstörungen, Zeckenborreliose, Entzugserscheinungen in Verbindung mit Suchtmitteln wie Alkohol oder Arzneimitteln, Schwäche- und Erschöpfungszustände nach schweren Krankheiten oder Operationen, Mangelernährung sowie Gehirntumore. Hier kommt eine alleinige Behandlung mit der Klopfakupressur nicht infrage. Die psychischen Begleiterscheinungen können ergänzend mit der Energiefeld-Therapie behandelt werden.

An Altersdemenz leidende Menschen sollten bei der Klopfakupressur die Hilfe eines erfahrenen Therapeuten in Anspruch nehmen.

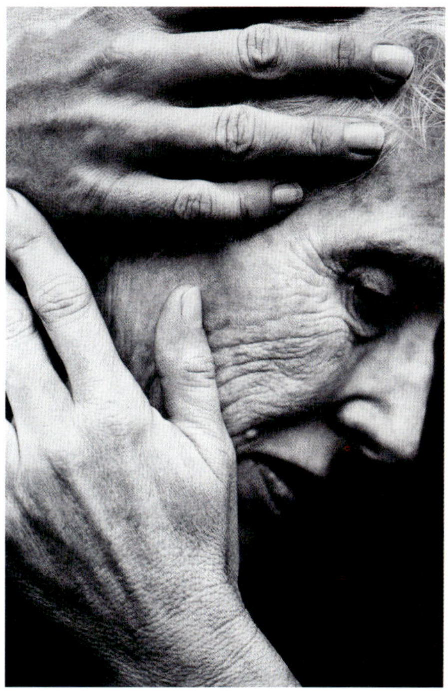

Chronisch gewordene Störungen

Auch bei chronischen psychischen Erkrankungen, die eine körperliche Ursache haben, ist das Zusammenspiel von Körper, Geist und Seele gestört und eine Selbstbehandlung zunächst oder gar nicht mehr möglich.

Dies ist beispielsweise bei Demenzerkrankungen (auch Altersdemenz bis hin zur Alzheimerschen Krankheit) bei AIDS oder chronischem Alkoholismus der Fall. Auch wenn die Blutgefäße beispielsweise durch einen Schlaganfall geschädigt wurden und deshalb Demenzerscheinungen auftreten, ist von einer alleinigen Selbstbehandlung mit der Klopfakupressur abzuraten.

Neurologische Erkrankungen

Bei den neurologischen Erkrankungen wie Multipler Sklerose oder Epilepsie ist das Nervensystem betroffen. Je nach Krankheitsstadium ist eine Selbstbehandlung mit der Energiefeld-Therapie manchmal noch möglich. Bitte ziehen Sie auf jeden Fall Ihren Arzt zurate – jede unterstützende Behandlung sollte ausschließlich in Absprache mit ihm erfolgen.

Die psychische Belastung bei chronischen Erkrankungen ist für den Betroffenen – und dessen Angehörige – ausgesprochen hoch. In diesem Fall kann die Klopfakupressur zwar keine Heilung herbeiführen, den seelischen Druck jedoch deutlich reduzieren.

Körperliche Behinderungen

Körperliche Behinderungen an sich sind kein Grund, die Energiefeld-Therapie nicht selbst anzuwenden – auch oder gerade im Hinblick auf die betreffende Behinderung. Dennoch können natürlich Umstände eintreten, die eine Selbstanwendung deutlich erschweren, beispielsweise ein erhebliches Übergewicht, dass es unmöglich macht, den Unterarmpunkt (Klopfpunkt 7, siehe S. 66) zu erreichen. Vielleicht liegt auch eine Behinderung in der Art vor, dass gar nicht

Klopfakupressur bei Burnout-Syndrom?

Die Erkrankung, die im Allgemeinen unter dem Begriff »Burnout-Syndrom« verstanden wird, heißt medizinisch korrekt »chronisch pseudoneurasthenisches Syndrom« und bezeichnet eine Nervenschwäche (neurasthenisch), die aufgrund einer Überlastung auftritt. Oft geht sie mit dem Gefühl des Nicht-mehr-Könnens einher: »Wenn jetzt noch irgendetwas von mir verlangt wird, breche ich zusammen.« Dies gilt es anzuerkennen und ernst zu nehmen – eine alleinige Selbstbehandlung mit der Klopfakupressur kommt nicht infrage, da hierfür die Kraft fehlt.

oder nur mit einer Hand geklopft werden kann. Doch auch für diese Probleme gibt es eine Lösung: die erweiterte Energiefeld-Therapie des Imaging Tapping, das z. B. auch eingesetzt werden kann, wenn Sie nicht sprechen können.

Imaging Tapping

Das Klopfen in der Vorstellung – vielleicht hört es sich für Sie irrational an, sich nur gedanklich zu beklopfen oder den »heilenden Punkt« zu reiben? Bitte probieren Sie es aus. Die Gedanken haben Macht, durch die gedankliche Führung können Sie Berge versetzen. Konzentrieren Sie sich ganz fest gedanklich auf die Klopf- oder Reibebewegung und sprechen Sie laut dazu. Mit einiger Übung werden Sie sehr gute Resultate erzielen.
Wenn Sie Sprachschwierigkeiten haben, reiben und klopfen Sie die Punkte und konzentrieren sich gedanklich auf den Satz. Imaging Tapping eignet sich auch hervorragend für Situationen, in denen es nicht möglich ist, sich zu beklopfen oder laut zu sprechen, beispielsweise in der Öffentlichkeit.

Bei schweren psychischen Störungen nimmt der Patient die eigene Hilfsbedürftigkeit oft gar nicht mehr wahr und lehnt Hilfe ab. Weisen Sie ihn auf die Möglichkeit der therapeutischen Unterstützung hin.

Psychische Störungen

Die Energiefeld-Therapie eignet sich hervorragend dazu, leichte Beschwerden auf diesem Gebiet selbst zu lösen. Bei den nachfolgend aufgeführten Störungen ist es jedoch ausgesprochen empfehlenswert, gerade in der Anfangsphase therapeutische Hilfe in Anspruch zu nehmen. Die emotionalen Verletzungen sind oft so schmerzhaft oder angstbesetzt, dass eine Selbstbehandlung unmöglich ist.

- Schwere traumatische Erlebnisse wie z. B. Todesfälle, Unfälle, Todgeburten, Vergewaltigung, Misshandlung, Missbrauch, Folter, Kriegserlebnisse, Flucht u .Ä.

Wenn Sie einmal nicht ungestört sind, können Sie die Klopfakupressur auch mit der Methode des »Imaging Tapping« durchführen – Sie stellen sich das Klopfen dann lediglich vor.

- Zwänge wie z. B. Zwangsgedanken und Zwangshandlungen (Waschzwang, Putzzwang, Zählzwang)
- Panikattacken
- Generalisierte Angststörungen, d. h. Angst vor allem und jedem
- Abhängigkeiten und Sucht; hier kann die Energiefeld-Therapie begleitend in der Entwöhnungsphase und Nachsorgephase selbst angewendet werden (zuvor nur durch den Arzt oder Therapeuten)
- Sexualstörungen
- Essstörungen wie Magersucht (Anorexia nervosa), Ess-Brech-Sucht (Bulimie) oder Fettsucht (Adipositas)

Hat die Panikattacke das höchste Ausmaß erreicht, ist die Selbstanwendung der Klopfakupressur nicht möglich. Aber: Vorbeugend eingesetzt kann die Energiefeld-Therapie die Attacke verhindern.

Endogene Psychosen

Diese von innen heraus (endogen) entstandenen psychischen Erkrankungen werden in der Mehrzahl der Fälle mit Medikamenten behandelt. Ihr Verlauf ist oftmals sehr wechselhaft und eine Selbstbehandlung meist nicht möglich. Zu diesen Erkrankungen gehören z. B. Schizophrenie, Depression, Melancholie oder Manie.

Die Betroffenen selbst haben selten das Bedürfnis, die Selbstanwendung zu erlernen. Meist wünschen sich die Angehörigen, dass die Betroffenen die Energiefeld-Therapie anwenden. Sie erhoffen sich eine Stabilisierung und weniger Medikamente und wollen, dass die Erkrankten selbst etwas für sich tun. Dies bedeutet jedoch fast immer einen zusätzlichen Druck. Hier kann die Anwendung der Energiefeld-Therapie durch den Arzt oder Therapeuten erfolgen.

Ebenso wie beim Menschen ist auch beim Tier bei körperlichen Erkrankungen vor der Behandlung ein Arzt zu konsultieren.

Grenzen der Selbstbehandlung bei Tieren

Für die Anwendung bei einem Tier sollte der Mensch eine gute emotionale Verbindung zu diesem Tier herstellen und auch halten können. Ist das Tier sehr unruhig oder sind Sie selbst sehr aufgeregt oder ängstlich, bauen sich Störfelder auf, und die Energiefeld-Therapie wirkt nicht.
Angst kann in diesem Zusammenhang um das Tier vorhanden sein, aber auch *vor* dem Tier. Seien Sie auf jeden Fall ehrlich sich selbst gegenüber und bitten Sie gegebenenfalls einen Therapeuten, der mit Tieren und EFT arbeitet, um Unterstützung.

Klopfakupressur bei Kindern

Jüngere Kinder (unter 8 Jahren) haben in der Regel noch nicht die geistigen Voraussetzungen, um ohne Hilfe den gesamten Ablauf der Energiefeld-Therapie durchzuführen. Sie benötigen bei der Findung der Sätze und beim Abfragen der Stressskala Unterstützung. Es ist hilfreich, wenn Sie sich vor das Kind stellen und spiegelbildlich, ohne zu sprechen, bei sich selbst klopfen, so dass das Kind die Bewegungen von Ihnen abgucken kann. Bei viel jüngeren Kindern klopfen Sie bitte bei sich und sprechen für das Kind (siehe S. 62).

Die Therapie wirkt nicht – mögliche Ursachen

Vor der Durchführung der Klopfakupressur sollten Sie sicherstellen, dass Sie keinen störenden Einflüssen ausgesetzt sind – seien es Telefone, Schmuck oder elektrische Geräte.

Möglicherweise sehen Sie sich bei der Anwendung der Klopfakupressur vor ein Problem gestellt: Sie haben den Behandlungsablauf korrekt durchgeführt – er hat aber nicht gewirkt. Anschließend haben Sie die Polaritätsumkehrungen mehrfach der Reihe nach durchgearbeitet – doch die Energiefeld-Therapie wirkt immer noch nicht. Am liebsten möchten Sie die Behandlung abbrechen.
Doch geben Sie jetzt bitte nicht auf! Die Energiefeld-Therapie arbeitet am Energiefeld des Menschen. Dieses Feld kann erheblich gestört sein, und zwar nicht durch innere, sondern durchaus auch durch äußere Einflüsse.

Energetische Störfelder

Fast alles, was uns im Alltag umgibt, verfügt über ein eigenes Energiefeld – dazu gehören nicht nur andere Menschen, sondern auch Dinge, die möglicherweise einen störenden Einfluss auf unser Energiesystem haben und die Wirkung der Energiefeld-Therapie beeinträchtigen können.

- Elektrosmog: Besitzen Sie eine Funkuhr oder ein Handy? Befinden sich die Elektrogeräte im Stand-by-Modus?
- Schmuck: Das Metall von Brillengestellen, Ringen, Ketten, Ohrringen oder Piercing-Schmuck kann sich auf das Energiefeld auswirken.

- Wohnungseinrichtung wie Möbel, Teppichböden oder Parkett und Tapeten: Die Bezugsstoffe bzw. das Leder der Möbel wurde möglicherweise chemisch behandelt, das Holz mit Lacken oder Farben versehen; »Kunststoff«möbel sprechen generell für sich. Die Teppichböden oder das Parkett sind möglicherweise imprägniert, die Tapeten mit diversen chemischen Substanzen wie beispielsweise Tapetenkleister behandelt.
- Kleidung: Fast alle Kleidungsstücke sind mit Chemikalien behandelt (z. B. Imprägniermittel, Waschmittel, Weichspüler, Bügelstärke, Farbaufheller).
- Körperpflegemittel: Prüfen Sie Seife, Zahnpasta, Duschgel, Haarshampoo, Rasiercreme, Deodorant, Make-up, Wimperntusche und Parfüm auf ihre Inhaltsstoffe.
- Reiniger: Chemische Substanzen wie Geschirrspülmittel, Fußbodenreiniger, Imprägniermittel, Teppichbodenreiniger, Fensterputzmittel, Sanitärreiniger und Raumspray sowie sogar harmlos wirkendes Toilettenpapier können das Energiefeld empfindlich stören.
- Lebensmittel: Überprüfen Sie Kühlschrank und Vorratskammer. Können die darin enthaltenen Lebensmittel Konservierungsmittel, Pestizide, Farbstoffe oder künstliche Aromen enthalten?
- Ernährung: Aufgrund der »modernen« Ernährungsgewohnheiten muss der Körper sich überwiegend mit der Abwehr und Aufarbeitung der verzehrten Nahrungsmittel beschäftigen, was sein Gleichgewicht empfindlich stören kann; meist enthalten unsere Nahrungsmittel zu viel Zuckerhaltiges und zu viel Fett; Alkohol, Medikamente und Nikotin tun ihr Übriges.
- Äußere Einflüsse: Auch Umweltfaktoren wie Autoabgase, Flugbenzin, gechlortes Wasser, bleihaltiges Wasser, verschmutzte Luft, UV-Strahlung, Klimaanlagen und Lärm tragen dazu bei, dass das Energiefeld des Körpers ins Ungleichgewicht gerät.

Viele der genannten Dinge wirken sich nicht nur auf unser Energiefeld, sondern auch auf unser Immunsystem schädlich aus – Allergien haben sich mittlerweile zur Volkskrankheit Nummer eins entwickelt.

Energiestörfelder auflösen

Energiestörfelder werden individuell wahrgenommen. Was bei einem Menschen eine Allergie oder Atembeschwerden hervorruft, bemerkt ein anderer gar nicht. Ebenso individuell müssen die Energiestörfelder auch aufgelöst werden. Die nachfolgenden Hinweise sind Angebote, die Sie für sich ausprobieren können.

Platzwechsel

Suchen Sie sich einen anderen Platz für die Energiefeld-Therapie: Wechseln Sie den Standort, den Raum, beispielsweise auch von drinnen nach draußen oder umgekehrt.

Wissenschaftler gehen von erstaunlichen 20 000 Stoffen aus, die zu den potenziellen Allergieauslösern gehören, allen voran Pollen und Hausstaubmilben. Doch schon auf Platz fünf folgen Lebensmittel jeder Art.

Äußerliche Körperreinigung

Befinden sich die Energiegifte am Körper, entledigen Sie sich bitte aller Kleidungs- und Schmuckstücke, waschen Sie sich ohne Kosmetika und führen Sie die Behandlung mit der Energiefeld-Therapie unbekleidet durch – nach Möglichkeit in einer mit wenig Chemikalien belasteten Umgebung.

Innere Körperreinigung

Jedes Lebensmittel kann Allergien hervorrufen. Ein Mensch reagiert darauf, ein anderer nicht. Ein Mensch reagiert jetzt noch nicht darauf, aber möglicherweise in einem halben Jahr, nach zehn Jahren oder noch später. Roggen, Hafer, Kartoffeln, Milchprodukte, Zitrusfrüchte, Kaffee, Tee, Säfte, Fleisch, Salate, Tomaten, Eier, Fische, Medikamente, Tierhaare, Mundwasser – all diese Stoffe sind potenzielle Allergieauslöser. Bedenken Sie alles, was Sie regelmäßig zu sich nehmen. Verzichten Sie probehalber darauf und / oder führen Sie die Energiefeld-Therapie zusätzlich durch.

Ein solcher Behandlungsablauf könnte folgendermaßen aussehen: Beginnen Sie mit »Obwohl ich Ausschlag unter den Armen bekomme und wund werde, wenn ich Zitronensaft zu mir nehme, auch als kleinen Zusatz im Salat, liebe und akzeptiere ich mich so, wie ich bin.« Führen Sie die Klopfakupressur mit »der Ausschlag unter meinen Armen, wenn ich Zitronensaft zu mir nehme« durch. Anschließend folgt der zweite Durchgang mit: »Ich werde wund, wenn ich Zitronensaft zu mir nehme.« Auf diese Art ist es möglich, die allergische Reaktion zu reduzieren.

Seien Sie offen für neue Möglichkeiten und bleiben Sie bei der Anwendung der Klopfakupressur möglichst flexibel – so profitieren Sie am meisten davon!

Die Tagesform

Bitte achten Sie auf die Signale Ihres Körpers. Es ist bekannt, dass es Menschen gibt, die morgens schon in Hochform sind, andere laufen abends erst dazu auf. Wenn die Energiefeld-Therapie nicht anspricht, versuchen Sie es doch einmal mit einer anderen Tageszeit, vielleicht ist Ihr Körper dann ansprechbarer.

Probieren Sie die Klopfakupressur auch zu unterschiedlichen Tageszeiten aus. Vielleicht liegt Ihnen die abendliche Anwendung mehr, weil Sie vom Geschehen des Tages Abstand nehmen können.

Wie leicht oder schwer Sie es im Leben haben, hängt entscheidend von Ihrem Selbstbewusstsein ab. Es ist der Motor für Ihre emotionale Stärke.

Der Persönliche

Friedensprozess

Kernstück des Heilprozesses

Die von Gary Craig entwickelte Technik des so genannten Persönlichen Friedensprozesses könnte das Kernstück der Heilung für jeden Menschen auf dieser Erde sein.

Der Persönliche Friedensprozess basiert auf der Erkenntnis, dass die Kunst des Lebens darin besteht, im Hier und Jetzt zu leben, unbeeinflusst von Erinnerungen aus der Vergangenheit. Jeder Mensch sollte den Persönlichen Friedensprozess anwenden, um alte Blockaden zu lösen, Vergangenes loszulassen und in seinem Herzen Frieden zu schaffen. Dadurch erreichen Sie ein glückliches und friedvolles Leben für sich und ein harmonisches, tolerantes Zusammenleben mit anderen Menschen.

Das Leben im Hier und Jetzt ist vielmehr ein Lebensziel – der lebenslange Versuch, heitere Gelassenheit auszustrahlen, den Augenblick zu genießen und die eigene Freiheit nicht auf der Unfreiheit anderer zu gründen.

Der Behandlungsablauf

Im Wesentlichen beinhaltet der Persönliche Friedensprozess die Erstellung einer Liste aller störenden belastenden Ereignisse in Ihrem Leben, die systematisch mit der Energiefeld-Therapie behandelt und so Schritt für Schritt aufgelöst werden.

Auf diese Weise können nach und nach alle negativen Gefühle und damit die Hauptgründe für emotionale oder physische Beschwerden beseitigt werden. Das trägt zu mehr persönlichem Frieden und damit zum Weltfrieden bei. Dabei gehen Sie folgendermaßen vor:

- Erstellen Sie eine Liste aller störenden besonderen Ereignisse in Ihrem Leben, an die Sie sich erinnern können. Es sollten mindestens 50 Ereignisse sein.
- Während Sie die Liste erstellen, kommt es Ihnen vielleicht so vor, als ob einige Ereignisse in keiner Weise zu irgendeiner aktuellen Störung beitrügen. Das Gefühl ist nicht ungewöhnlich, es kommt häufig

vor. Halten Sie diese Ereignisse trotzdem auf Ihrer Liste fest – allein die Tatsache, dass Sie sich an sie erinnern, lässt vermuten, dass es nötig ist, sie aufzulösen.

- Geben Sie beim Erstellen der Liste jedem einzelnen Ereignis eine Überschrift; sehen Sie das Ereignis als eine Art Kurzfilm, dem Sie einen Titel geben. Im Folgenden finden Sie einige Beispiele dazu:
  - Der Lehrer sagte vor der gesamten Klasse zu mir: »Mache dir die Nägel rein, wenn du denkst, du bist allein, du Schwein.«
  - Die ganze Geburtstagsgesellschaft hat sich über mich lustig gemacht, weil mein Unterrock unter dem Kleid hervorguckte.
  - Ich machte mich über das gebrochene Bein von Henning lustig, seine Mutter bestellte mich zu sich nach Hause und rügte mich, was für ein schlechtes Mädchen ich sei.
  - Ich habe im Schwimmbad einen Mann angelächelt, daraufhin hat er mir an den Busen gegriffen. Ich war in der Pubertät und habe mich geschämt.
  - Als ich im Schullandheim ausgelacht wurde, weil ich ins Bett gemacht habe.
  - Als ich im Keller eingesperrt wurde.
  - Mama und Papa fanden die Bilder und Bastelarbeiten meines Bruders immer viel schöner als meine. Ich habe seine gebastelte Königskrone zertreten.
- Wenn Sie das Gefühl haben, dass die Liste vollständig ist, beginnen Sie mit dem Thema, das Ihnen jetzt wichtig ist. Wenden Sie die Energiefeld-Therapie nach und nach auf alle notierten Ereignisse an und arbeiten Sie alle Themen ab. Entweder so lange, bis Sie darüber lachen oder bis Sie nicht mehr daran denken. Bitte achten Sie auf jeden Aspekt, der in Ihnen aufsteigt. Er ist wichtig und sollte auch mit der Energiefeld-Therapie behandelt werden.
- Versuchen Sie, pro Tag einen Aspekt zu bearbeiten.

Jedes Ereignis aus der Vergangenheit kann von Bedeutung sein, auch wenn es nicht offensichtlich mit einer schmerzhaften Erinnerung verbunden ist. Schreiben Sie einfach alles auf, was Ihnen in den Sinn kommt.

Mögliche Schwierigkeiten

Vielleicht können Sie bestimmte Themen nicht auf der Stressskala einschätzen, weil Sie sich nicht sicher sind, wie stark Sie das vergangene Ereignis heute noch belastet. Dann sollten Sie etwa zehn Durchgänge der Energiefeld-Therapie aus jedem nur erdenklichen Blickwinkel durchführen. Dies erhöht die Wahrscheinlichkeit, dass das Ereignis nachhaltig gelöst wird. Wenn die großen Aspekte gelöst sind, gehen Sie zu den kleinen.

Lassen Sie sich Zeit mit Ihrer Liste und ergänzen Sie sie nach und nach. Manchmal tauchen auch durch Auslöser wie Gerüche oder einen bestimmten Geschmack Ereignisse aus der Vergangenheit wieder auf.

Erfahrungsgemäß fällt es den meisten Menschen leicht, sich zwischen zehn und zwanzig Ereignisse auf der Liste zu notieren. Dies sind die Ereignisse, die schon einen gewissen »Bekanntheitsgrad« haben. Sie haben sie inzwischen schon fast akzeptiert. Bleiben Sie jedoch hartnäckig. Die wirklich belastenden Ereignisse werden erst danach zugelassen – Ihr Unterbewusstsein hat sie verdrängt. Sind sie aufgelöst, erfolgt eine völlig neue Handlungsfreiheit.

Beim Persönlichen Friedensprozess ist es wichtig, alle Ereignisse, die Ihnen einfallen, zu notieren – auch wenn sie Ihnen zunächst unwichtig erscheinen.

Hintergründe des Persönlichen Friedensprozesses

In den vorherigen Kapiteln wurde erläutert, wann und wie die Energiefeld-Therapie auf konkrete Ereignisse angewendet wird, beispielsweise im Moment des Schmerzes, bei Ängsten, Phobien oder Lernblockaden. Die Energiefeld-Therapie kann jedoch auf alle Ereignisse angewendet werden, an die man sich erinnert. Oftmals haben diese Ereignisse, die mit »Das belastet mich doch gar nicht mehr!« abgetan werden, großen Einfluss auf Themen wie die folgenden:

- Selbstbild
- Ängste
- Depressionen
- Hartnäckige Schlaflosigkeit
- Süchte
- Zwänge
- Verlassenheitsgefühle

Auch hierzu wieder ein Beispiel: Sie ärgern sich über Ihren Partner, wissen aber eigentlich nicht genau, warum. Denn er hat Sie nur angesehen. Doch Sie verknüpfen diesen Blick unbewusst mit einem Ereignis aus der Vergangenheit, als Sie jemand genau so angesehen und eine Bemerkung gemacht hatte, über die Sie sich ärgerten. Ihr Ärger gehört also zur Vergangenheit und zu der damaligen Situation.

Oft können neue Wege nicht gegangen werden, weil der seelische Müll aus längst vergangenen Tagen uns heute noch blockiert. Räumen Sie auf.

Veränderungen finden statt

Durch den Persönlichen Friedensprozess werden diese alten belastenden Ereignisse vom Hier und Jetzt getrennt. Sie bleiben in der Vergangenheit. Für viele Menschen bedeutet dieser Prozess die Beendigung lebenslanger Themen, die durch andere Methoden nicht behandelt bzw. aufgelöst werden konnten. Das Gleiche gilt auch für körperliche Beschwerden bzw. Krankheiten wie beispielsweise Kopfschmerzen, Atembeschwerden sowie Haut- oder Verdauungsprobleme, die durch Ärger, traumatische Erinnerungen, Schuld, Scham oder Kummer hervorgerufen worden sein können. Weniger innere Konflikte bedeuten ein höheres Maß an persönlichem Frieden und weniger emotionales und körperliches Leid.

Besonders positiv wirkt sich der Persönliche Friedensprozess auf so genannte vegetative Beschwerden aus – z. B. ein Bluthochdruck, der keine organische Ursachen hat, jedoch behandlungsbedürftig ist. Möglicherweise können Sie durch die Klopfakupressur sogar dauerhaft auf Medikamente verzichten; dies sollten Sie allerdings unbedingt mit Ihrem Arzt absprechen.

So nehmen Sie die Veränderungen wahr

Konkret werden Sie die Veränderungen, die sich aufgrund Ihrer Arbeit mit dem Persönlichen Friedensprozess ergeben, an den folgenden Dingen spüren können:

- Die Bereitschaft, ärgerlich zu werden, sinkt.
- Die Partnerschaft verbessert sich.
- Viele therapietypische Themen wie Ängste und dergleichen sind einfach nicht mehr vorhanden.
- Blutdruck, Puls und Atemfähigkeit verbessern sich.
- Schulische Leistungen, Beziehungen, Gesundheit und Lebensqualität insgesamt verbessern sich.

Die vormals belastenden Ereignisse sind verschwunden, manchmal kann man sich noch nicht einmal mehr daran erinnern.

Anwendungsmöglichkeiten

Es gibt verschiedene Anwendungsmöglichkeiten für den Persönlichen Friedensprozess. Im Folgenden sind nur einige genannt:

- Zwischen den Energiefeld-Therapie-Sitzungen mit einem Arzt oder Therapeuten
- Als tägliche Prozedur

- Als Mittel, um den Hauptaspekt herauszufinden
- Als Mittel für dauerhafte Entspannung
- Als Mittel, um allmählich immer mehr Übung mit der Energiefeld-Therapie zu bekommen und »dran zu bleiben«. Viele Selbstanwender bearbeiten zunächst akute Aspekte. Sind diese gelöst, vergeht oft eine lange Zeit, bis ein neuer Aspekt bearbeitet werden müsste. Dann fehlt manchmal die Übung, um sofort darauf reagieren zu können. Leider wird dann kein Durchgang mit der Energiefeld-Therapie gemacht. Durch den Persönlichen Friedensprozess fällt es Ihnen leicht, sofort zu reagieren.
- Um anderen ein Vorbild zu sein für das, was möglich ist an eigenem Beitrag zu einem friedvolleren Leben.

Wenn Sie in »Übung bleiben«, also den Behandlungsablauf der Energiefeld-Therapie von Zeit zu Zeit praktizieren, auch wenn kein konkreter Schmerz vorliegt, fällt es Ihnen im Ernstfall leichter, sich durch die Klopfakupressur Linderung zu verschaffen.

Der Persönliche Friedensprozess bei Kindern

Es gibt kaum eine wertvollere Investition in die Zukunft Ihres Kind als die Arbeit mit dem Persönlichen Friedensprozess. Hiermit wird verhindert, dass sich unnötige Ängste, Schuld- oder Schamgefühle, negative Glaubenssätze oder traumatische Geschehen festsetzen. Der belastende »seelische Müll« wird abgeladen, eine lebensfrohe, tatkräftige, selbstbewusste Entwicklung ist möglich.

Anwendung bei Kindern

Der Persönliche Friedensprozess sollte in ein abendliches Ritual eingebaut werden. Die meisten Eltern lesen ihren Kindern abends im Bett noch eine Geschichte vor. Das entspannt die Kinder, manchmal regt es sehr fantasievolle Kinder auch an, die Geschichte weiter zu träumen, die Einschlafzeit wird später. In beiden Fällen ist das Kind nicht bei sich, da Erlebnisse des Tages nicht zur Sprache kommen. Diese setzen sich fest und belasten die Kinder, oftmals bis ins Erwachsenenalter hinein. Zu solchen Erlebnissen und Ereignissen gehören beispielsweise die folgenden:

- »Der Lehrer hat mich heute kein einziges Mal dran genommen, obwohl ich mich immer gemeldet habe.«
- »Marie und Sabine haben mich nicht mitspielen lassen.«
- »Ich bin heute einhändig auf dem Rad gefahren, obwohl du mir das verboten hattest, Mama.«
- »Heute Morgen hatte ich ganz dolle Bauchschmerzen, mochte das der Kindergärtnerin aber nicht sagen.«
- »Oma hat heute wieder gesagt, dass Peter viel lieber ist als ich.«
- »Hans tritt mich immer von hinten in den Rücken. Ich sag ihm, er soll aufhören, aber er hört nicht. Die Lehrerin schimpft mich dann aus, weil ich quatsche und unruhig bin.«

Auch Kindern tut der Friedensprozess gut. Sie werden insbesondere die damit verbundene Berührung sehr genießen.

Sagen Sie Ihrem Kind, dass es ab sofort abends seine eigene, viel interessantere Geschichte erzählen darf. Setzen Sie sich zu Ihrem Kind und fragen Sie: »Wie war dein Tag? Was ist dir heute vom Aufstehen bis jetzt an schönen oder schlechten Sachen passiert? Was hat dir viel Spaß gemacht, was hat dich gefreut, was hat dich geärgert, was hat dich traurig gemacht, was wütend?« Im Laufe der Zeit wird Ihr Kind diese unterstützenden Fragen nicht mehr benötigen, da es das Ritual kennt.

Während das Kind erzählt, klopfen Sie sacht den Serienpunkt, Klopfpunkt 14 (siehe S. 59 und S. 69). Bedrücken die Ereignisse das Kind noch sehr, fragen Sie es, ob Sie die Klopfakupressur komplett durchführen dürfen. Eventuelle Blockaden werden sofort gelöst.

Ein positiver Nebeneffekt ist, dass die Kinder die Berührung meist sehr genießen. Dies ist keine therapeutische Intervention, sondern ein Loslassen von Belastendem und ein Interesse aneinander. Wohl

Den Persönlichen Friedensprozess bei Kindern können Sie als abendliches Ritual in den Tagesablauf einplanen. Die Kinder werden das Erzählen und die Berührung sehr genießen.

jeder Mensch kennt die Situation, dass es ihm gut tut, über Erlebnisse mit anderen zu sprechen. Oftmals kommen dann ganz andere Bewertungen und Ideen.

Information an das Vorbewusste bei Kindern

Während des Persönlichen Friedensprozesses bei Kindern kommt es vor, dass Kinder überwiegend positive Geschichten erzählen. Kinder sind unsere größten Liebenden. Sie möchten, dass wir glücklich sind. Aus diesem Grund verbergen sich hinter scheinbar positiven Informationen oft auch Ängste oder Sorgen.

»Das Herz denkt oft anders als der Mund redet.«
Volksmund

Das Kind sagt beispielsweise: »Mama, ich bin mit Martin auf dem Radweg zum Bäcker gefahren.« Es muss einen –auch unbewussten – Grund dafür geben, dass Ihr Kind dies erwähnt. Es reicht, hier ein interessiertes »Hmm?« oder »So?« von sich zu geben – wahrscheinlich wird das Kind dann von sich aus erzählen, dass Martins Mutter darüber aber nicht Bescheid wusste. Das Kind hat ein schlechtes

Gewissen. Lassen Sie das Kind den »heilenden Punkt« reiben und dabei mit eigenen Worten formulieren, z. B.: »Obwohl ich ein schlechtes Gewissen habe, weil wir einfach abgehauen sind, bin ich trotzdem ein ganz lieber Junge.«

Positive Nebeneffekte bei Kindern

Das abendliche Ritual des Persönlichen Friedensprozesses hat zudem Vorteile, die über das Ablegen belastender Erlebnisse hinausführen. Dadurch erfährt Ihr Kind auch andere wichtige Dinge:

- Ich bin wichtig.
- Alles, was ich erlebe, ist wichtig.
- Ich darf mich wichtig nehmen.
- Ich darf über alle Gefühle sprechen.
- Ich bin beachtet.
- Ich bin liebenswert.

Je früher Sie Ihrem Kind dabei helfen, belastende Alltagserlebnisse loszulassen, desto freier wird sich Ihr Kind entwickeln können.

Durch diese Erfahrungen entwickelt Ihr Kind Selbstbewusstsein, Vertrauen in sich und andere, ein angemessenes soziales Verhalten, Interesse für sich und andere, Einfühlungsvermögen und insgesamt positive soziale Beziehungen. Das Kind wird aufgrund der positiven Auswirkungen den Persönlichen Friedensprozess zu einem festen Bestandteil seines Lebens machen und ihn für sich selbst erlernen. Es wird eine eigene Identität finden, die wie ein Maßanzug sitzt. Hieraus entspringt die Energie, die es durchs Leben trägt.

Das Kind spricht noch nicht

Auch Kinder, die noch nicht sprechen, haben ihre Ängste, Schmerzen und Blockaden. Erfahrene Eltern lernen, das Schreien des Kindes, seine Mimik und Gestik zu verstehen, und können das Verhalten in Sprache übersetzen. Für die Anwendung der Klopfakupressur und des Persönlichen Friedensprozesses bedeutet das konkret, dass Sie sich zu dem Kleinstkind setzen und die Sätze für das Kind sprechen. Vielleicht mag Ihr Kind es nicht, wenn Sie bei ihm die Punkte klopfen. Dann halten Sie Blickkontakt und klopfen bei sich. Sprechen Sie für das Kind und beginnen Sie mit: »Ich bin jetzt ganz nah bei … (Name des Kindes).« Erzählen Sie alles, was Ihnen zum Tagesablauf des Kindes einfällt. Wenn Ihr Kind beispielsweise viel schreit, können Sie die Klopfakupressur mit »Obwohl ich heute so viel geschrieen habe, haben Mama und Papa mich sehr lieb und ich bin ein liebenswertes Mädchen.«

Wenn Sie fertig sind, sollten Sie sich auch wieder gedanklich aus der Rolle des Kindes lösen. Sagen Sie: »Ich bin jetzt nicht mehr nah bei … (Name des Kindes), ich bin jetzt wieder ich selbst, die / der … (eigener Name).«

Zum größten Erstaunen vieler Eltern verlieren Kleinstkinder ihre Ängste vor diversen Dingen, Spuckkinder spucken weniger, Schreikinder werden ruhiger. Probieren Sie es aus, es wird nur positive Veränderungen geben.

Klopfen Sie stellvertretend bei sich selbst, wenn Ihr Kind das Klopfen nicht mag. Sprechen Sie stellvertretend für Ihr Kind, wenn es noch nicht sprechen kann.

Ein Blick voraus

Sie haben jetzt sehr viele Informationen und praktische Hinweise zur Arbeit mit der Energiefeld-Therapie erhalten. Meine Erfahrung ist, dass trotz alledem Fragen offen bleiben. Zögern Sie bitte nicht, mir diese schriftlich zu stellen. Die Energiefeld-Therapie ist zu kostbar, um »in die Ecke gestellt« zu werden, wenn einmal etwas nicht so klappt wie gewünscht. Vielleicht haben Sie auch Lust bekommen, ein Ausbildungsseminar zu besuchen? Auf den erwähnten Homepages (siehe S. 159) werden Sie entsprechende Angebote finden. Die Arbeit mit der Energiefeld-Therapie ist wundervoll; mit dem Verstand ist sie zwar oft nicht zu begreifen – aber sie wirkt!

»Kann ich die Energiefeld-Therapie denn überhaupt bei meinen Problemen anwenden?« Das fragen sich viele Betroffene. Versuchen Sie es – der Erfolg wird sich in allen möglichen und unmöglichen Situationen einstellen.

Erfahrungsberichte

aus der Praxis

Esssucht (Adipositas)

Meine Klientin Gabriele ist 50 Jahre alt, seit 25 Jahren verheiratet und Mutter zweier Kinder. Sie berichtet von ihren Erfahrungen mit der Energiefeld-Therapie:

»Ich bin das älteste von vier Kindern. Meine Eltern waren Lehrer, im Leben sehr fortschrittlich, im Herzen stockkonservativ, großbürgerlich. Mein Trauma ist, zwar Älteste, jedoch nicht der Erstgeborene (Stammhalter) zu sein. Meine Schwierigkeiten in der Schule, die sich mit Konzentrationsmangel und Spannungskopfschmerzen bemerkbar machten, behinderten mich sehr. Dem ständigen Kopfschmerz konnte ich nach über 20 Jahren mithilfe der Akupunktur Herr werden. Den Konzentrationsschwierigkeiten liegt eine außerhalb der schulischen Förderung liegende Wahrnehmung zugrunde, die leider mein Sohn geerbt hat. Diese Störung galt früher als geistige Behinderung. Die Diagnose behinderte mich, da unausgesprochen, in meiner Entwicklung sehr. Ich reagierte mit Esssucht. Seit 40 Jahren kämpfe ich mit einer weiteren, dieses Mal ausgesprochenen Diagnose: Adipositas.

Einen Eindruck von den vielfältigen Problemen, bei denen EFT helfen kann, sollen die in diesem Kapitel aufgeführten Beispiele vermitteln. Aus Gründen der Diskretion und der therapeutischen Schweigepflicht wurden die Namen geändert.

Neues ausprobieren

Vor kurzem hörte ich von der Möglichkeit der Klopfakupressur in der Suchtbearbeitung – und probierte es aus. Im Kennenlerngespräch wurde meine Geschichte näher beleuchtet. Sehr schnell kristallisierte sich heraus, dass der Satz: »Du bist ja behindert!« mich am meisten berührte. Ich habe ihn erst vor einem Jahr zum ersten Mal aus dem Mund meiner Mutter gehört.

Dieser Zentralsatz wurde während des Klopfens der zentralen Punkte auf den Meridianen ständig wiederholt, um die Blockaden zu lösen. Als wir den Satz ermittelt haben, weinte ich sehr. Während des

Klopfens wurde ich zunehmend ruhiger und am Ende herrschte nur noch ein Gefühl vor: Leere. Doch anstelle der Traurigkeit erschien ein spitzbübisches Strahlen in meinen Augen, und mein Kopf, in dem sich vorher alles um das Essen drehte, war – leer. In der Folge stellte ich fest, dass ich nur noch einen Bruchteil der gewohnten Portionen essen konnte und oft machte ich die Kühlschranktür wieder zu, weil ich plötzlich satt bin. Ich genoss während der Weihnachtszeit zum ersten Mal ohne Reue das gute Essen und hoffe, im neuen Jahr mein Gewichtsproblem zu lösen.

In den Beispielen wird das untrennbare Zusammenspiel von Körper, Geist und Gefühl deutlich. Heilung geschieht ganzheitlich.

Hitzewallungen

Else ist 62 Jahre alt. Sie hat in einer Zeitschrift von der Energiefeld-Therapie gelesen und sich daraufhin zur Behandlung bei mir angemeldet. Sie berichtet, dass sie unter extremen Hitzewallungen leidet. Ihr Frauenarzt hat ihr dringend zu Alternativmethoden geraten, da er ihr keine Hormontabletten mehr verschreiben kann. Else schildert ihre Hitzewallungen als »irre Hitze und Schwitzen«, als Gefühl, »im Wasser zu stehen«. Sie reibt sich den »heilenden Punkt« mit »Obwohl ich Hitze habe, liebe und akzeptiere ich mich so, wie ich bin.« als Information an das Unbewusste, spürt jedoch, dass der Satz noch nicht ganz passt. Sie ändert ihn in: »Obwohl ich eine Unruhe habe über die Hitze, liebe und akzeptiere ich mich so, wie ich bin.« Der Stresspegel für die Unruhe liegt auf der Stressskala bei 10.

Veränderungen stellen sich ein

Die Klopfakupressur erfolgt mit dem Satz: »meine Unruhe über Hitze«. Nach einem Durchgang ist die Hitze verändert; Else beschreibt eingehend ein Gefühl, dass sich als Leichtigkeit in den Beinen eingestellt hat. Der nächste Klopfdurchgang erfolgt mit »restliche Unruhe über Hitze«, der Stress über die Unruhe fällt auf 3. Das wird mit der Tonleiter gefestigt.

Sich selbst akzeptieren, so, wie man ist – dies ist eine der wichtigsten Botschaften der Energiefeld-Therapie. Je mehr Sie das schaffen, desto positiver wird Ihre Umwelt darauf reagieren.

Anschließend fragt Else, ob es sein könne, dass die Hitze ganz wegbliebe. Das erscheint ihr dann doch zu einfach! Diese Frage scheint mit der Unruhe in einem Zusammenhang zu stehen, daher reibt sie den »heilenden Punkt« mit: »Obwohl ich meine Hitze verabschiede, liebe und akzeptiere ich mich so, wie ich bin.« Sie äußert Zweifel, ob die Hitze nicht doch wiederkommt, den Sie auf der Stressskala jetzt mit 3 (»nicht besonders stark«) einordnet. Die Klopfakupressur mit »mein Zweifel, dass die Hitze wiederkommt« lässt die Skala auf 0 sinken. Das wird wiederum mit der Tonleiter gefestigt.

Der letzte Schritt

Schließlich äußert Else den Wunsch, noch einen Durchgang mit der Klopfakupressur zu machen. Ihr ist ein weiterer wichtiger Satz eingefallen: »Obwohl ich keine Hitzewallungen mehr habe, liebe und akzeptiere ich meinen Körper so, wie er ist.« Dabei wurde zum ersten Mal ein Zusammenhang zwischen Hitzewallungen und Körper hergestellt – eine Information, die dem Unterbewusstsein bisher möglicherweise gefehlt hat.

Nach fünfmaligem Reiben des »heilenden Punktes« sagt sie: »Die Klopfakupressur brauche ich nicht mehr zu machen, ich mach gleich die Tonleiter, es ist jetzt alles gut.« Die Hitzewallungen mit allen dazugehörenden Gefühlen sind seitdem ausgeblieben.

Mangelndes Selbstvertrauen

Renate hat sich zum Grundseminar angemeldet, weil sie immer wieder in Situationen kommt, in denen sie das Gefühl hat, eine Außenseiterin zu sein, die keiner versteht. Sie traut sich dann nichts mehr richtig zu. Sie mag nichts sagen, hat Angst, sich falsch zu benehmen und sich zu blamieren.
Auch im Seminar fällt es ihr sehr schwer, sich auf einen Behandlungssatz festzulegen. Ich mache ihr Mut, indem ich ihr vorschlage, mit dem zu beginnen, was sie jetzt spontan sagen würde. Beim Klopfen würde sich dann oftmals noch etwas Konkreteres einstellen. Sie solle einfach beginnen und den Gefühlen, Gedanken und körperlichen Reaktionen folgen. Zaghaft beginnt sie schließlich mit dem Satz: »Obwohl ich mich als Außenseiterin sehe, liebe und akzeptiere ich mich so, wie ich bin.«
Die Stressskala ist auf 10! Es folgt die Klopfakupressur mit dem Satz: »Ich sehe mich als Außenseiterin.« Während des Klopfdurchgangs kommt plötzlich die Erinnerung an eine Situation. Renate war auf einer Feier eingeladen und lehnte Alkohol ab. Die anderen versuchten, sie zu überreden. Sie fühlte sich als Außenseiterin und verließ die Feier unter einem Vorwand.

Während der Klopfakupressur werden Energiebahnen wieder durchlässig. Bisher verdrängte Situationen, Worte und Gefühle werden erinnert. Sie sind der Fokus für den nächsten Klopfdurchgang.

Den richtigen Fokus finden

Renate reibt den »heilenden Punkt« mit: »Obwohl ich traurig bin, weil mich keiner versteht, liebe und akzeptiere ich mich so, wie ich bin.« Die Stressskala für die Trauer benannte sie mit 10. Nach drei Klopfdurchgängen sinkt die Trauer auf 0.
Nun kommt ein neuer Aspekt hinzu: die Angst davor, für langweilig gehalten und nicht mehr eingeladen zu werden. Renate macht einen Durchgang mit »Obwohl ich Angst habe, nicht mehr eingeladen zu

werden« – und schon während sie den »heilenden Punkt« reibt, lacht sie und sagt: »Die laden mich bestimmt ein. Aber ich habe Angst, meine Bedenken über Bord zu werfen!« Der richtige Fokus ist gefunden; zunächst sinkt der Stresspegel auf 7, anschließend auf 0.

Konsequenzen erkennen

Teils erstaunt, teils erschreckt, teils verwirrt sagt sie: »Aber dann müsste ich die Verantwortung für mich und mein Handeln übernehmen und die Konsequenzen tragen.« Daraufhin macht Renate einen Klopfdurchgang mit der Filmtechnik – ihr fallen so viele Situationen und Themen ein, dass sie sich nicht für einen Satz entscheiden kann:
»Ich muss Verantwortung für mich übernehmen, wenn ich meiner Tochter abschlage, auf das Enkelkind aufzupassen. Dann habe ich Angst, dass sie mich nicht mehr liebt und mir das Kind nicht mehr geben will. Ich muss Verantwortung für mich übernehmen, wenn ich die braune Tischdecke mit dem Blumenmuster auflege und meine Freundin sagt, die sei hässlich. Ich habe dann die Befürchtung, dass meine Freundin mich für altmodisch und langweilig hält und nicht mehr zum Kaffeetrinken kommt. Ich will Verantwortung für mich übernehmen, wenn ich meiner Mutter sage, dass ich ohne sie zwei Tage an die Nordsee fahre. Ich habe zwar Angst, dass sie dann nicht mehr mit mir spricht, aber das ist mir egal.« Beim letzten Satz ist schon eine emotionale Veränderung eingetreten, die Renate allerdings noch nicht bewusst ist: Aus »muss« wurde »will«.

Dass eine positive Veränderung vom Unterbewusstsein verinnerlicht und akzeptiert wurde, ist äußerlich oft an der veränderten Wortwahl sowie an einer veränderten Stimmlage und Mimik zu erkennen.

So geht es mit Situationen und damit verbundenen Ängsten und Sorgen immer weiter. Der Film wechselt von anfangs stockender Erzählweise über eine hektische hin zu einer ruhigen, beschreibenden, erinnerten Berichterstattung. Als sie fertig ist, öffnet Renate die Augen, lächelt und sagt: »Ich bin mindestens fünf Zentimeter gewachsen! Ich probiere das neue Verhalten aus, auch wenn ich

Widerspruch in Kauf nehmen muss.« Zur Festigung macht sie noch einen Klopfdurchgang mit »meine Vorfreude, das neue Verhalten auszuprobieren« und abschließend die Tonleiter.

Erfolg auf der ganzen Linie

Im Aufbaukurs berichtet Renate, dass es ihr in der ersten Zeit schwer gefallen sei, zu ihren Bedürfnissen zu stehen. Dann merkte sie, dass genau das Gegenteil ihrer Befürchtungen eintrat: Die anderen lehnten sie nicht ab, sondern akzeptierten und liebten sie mehr. Heute fühlt sich Renate selbstbewusst, geliebt und anerkannt – von sich selbst und anderen.

Das Leben wird harmonischer, wenn Bedürfnisse klar ausgesprochen werden. So haben unsere Mitmenschen die Möglichkeit, sie zu berücksichtigen. Eine Weiterentwicklung der zwischenmenschlichen Beziehung findet statt.

Mobbing

Peter arbeitet in einem Hort. Er leitet zusammen mit einem Kollegen eine Gruppe. Die Leiterin der Einrichtung wirft ihm vor, die Kinder alleine gelassen zu haben, und meidet seitdem den Kontakt mit ihm. Er habe seine Aufsichtspflicht verletzt und sei nicht mehr tragbar. Der Kollege machte Besorgungen, Peter ging mit einem erkrankten Kind in den Waschraum, und die anderen Kinder waren ohne Aufsicht. Zwei prügelten sich und verletzten sich gegenseitig. Mehrere Eltern beschwerten sich bei der Leitung. Der Kollege stellte es so dar: Wenn er da gewesen wäre, wäre alles anders gelaufen – wie, erklärt er nicht. Die Mehrheit der Eltern zeigt Verständnis für die Situation. Die Leitung ruft eine Elternversammlung ein. Peter nimmt sich das Verhalten des Kollegen und der Leitung sehr zu Herzen. Mehr noch verunsichert ihn das Bestrafen durch Verachtung. Er hat mehrere Nächte nicht mehr geschlafen und war eine Woche arbeitsunfähig. Auch zum Elternabend möchte er nicht gehen.

Wo die Klopfakupressur ansetzt

Peter reibt sich den »heilenden Punkt« mit folgender Information an das Unterbewusste: »Obwohl ich Angst habe, zur Elternversammlung zu gehen ...«. Weiter kann er nicht sprechen; »... bin ich OK«, kann er nur noch gedanklich hinzufügen.

Der Stresspegel sinkt schon während des Reibens von ursprünglich 10 auf 5. Die Klopfakupressur wird mit »meine Angst, zum Elternabend zu gehen« durchgeführt, der Stress fällt auf 2 bis 3. Der nächste Durchgang erfolgt mit »meine restliche Angst, zur Elternversammlung zu gehen«. Nun ist der Stresspegel auf 0 gesunken, und Peter ruft aus: »Ich will da jetzt hin!« Er festigt mit der Tonleiter.

Hintergründe

Jeder Mensch möchte gesehen, gehört und geliebt werden.

Dann traut Peter sich, von einer Erinnerung zu berichten, die während des Klopfens in ihm aufstieg. Er wurde häufig für die Streiche seiner jüngeren Geschwister geschimpft und bestraft. Immer, wenn er das richtig stellen wollte, verbot die Mutter ihm das Reden. Wenn er doch versuchte, mit ihr oder dem Vater zu sprechen, strafte sie ihn mit Nichtbeachtung. »Ich habe eine Riesenwut auf meine Mutter!« Nach einer kurzen Atempause fügt er hinzu: »Und auf meinen Vater!«

Ein neuer Durchgang mit der Energiefeld-Therapie, erfolgt zunächst mit: »Obwohl ich heute noch eine Riesenwut auf meine Mutter und meinen Vater habe, liebe und akzeptiere ich mich voll und ganz.« Jetzt ist das Aussprechen des kompletten Satzes möglich. Dieser Wut gibt Peter auf der Stressskala eine 10.

Nach der Klopfakupressur mit »meine Riesenwut auf meine Mutter und meinen Vater, dass sie mich mit Nichtbeachtung gestraft haben« verwandelt sich die Wut in Trauer: »Obwohl ich heute noch traurig bin, dass meine Mutter und mein Vater mich mit Nichtbeachtung gestraft haben, liebe und akzeptiere ich mich voll und ganz.« Schließlich wird Peter bewusst: »Nein, ich bin traurig, dass ich so unwichtig für sie war!«

Den Weg aus der Vergangenheit finden

Peters Trauer fällt nach drei Klopfdurchgängen mit »meine Trauer, dass ich so unwichtig für meine Eltern war und mir das weh getan hat und weh tut« von 7 auf 0. Er festigt mit der Tonleiter und sagt dann: »Aber das war als Kind. Da konnte ich mich nicht wehren. Heute wehre ich mich, ich bin wichtig, genauso wichtig wie mein Kollege und die Leitung. Die soll mich hören und sehen und mit mir sprechen.«

Peter trennt durch den Persönlichen Friedensprozess das alte, belastende Ereignis vom Hier und Jetzt. Er kann mit neuer Beweglichkeit auf Situationen reagieren, die ihn vorher emotional blockiert haben.

Eine Phobie wird häufig so lange nicht bearbeitet, wie dem Angst auslösenden Objekt ausgewichen werden kann. Die Konfrontation bietet die Chance, sich von der Phobie zu befreien.

Phobie – Angst vor Mäusen

Eine meiner Kolleginnen, mit denen ich mich regelmäßig austausche, ist Sylvia, eine Yoga-Lehrerin. Ich berichtete ihr von meiner Energiefeld-Therapie-Ausbildung und dem positiven Ergebnis mit meinen Schulterschmerzen. Daraufhin besuchte sie den Grundkurs. Vier Wochen später erzählte sie mir Folgendes:

»Ich habe seit vielen, vielen Jahren Angst vor Mäusen – panische Angst. Ein Beispiel hierfür: Durch die geöffnete Außentür war eine Maus in unsere Küche gehuscht. Ich kam in die Küche und sah die Maus über die Arbeitsplatte laufen. Ich schrie, warf die Küchentür zum Flur zu und klemmte einen Besenstiel unter die Klinke. Rational ist dieses Verhalten nicht zu erklären. Mein Mann musste die Maus fangen; in den folgenden Monaten hatte ich jedes Mal, wenn ich die Küche betrat, ein flaues Gefühl im Magen und war in erhöhter Alarmbereitschaft.«

Hilfe in der akuten Situation

»Nach den Weihnachtsferien begann mein Yoga-Unterricht wieder. Er findet in einem alten Fachwerkhaus statt, in dem wir auch die Isomatten und Wolldecken während der Ferien lagern. Als ich auf meiner Decke lag, ärgerte ich mich über die zahlreichen »Krümel« darauf – die plötzlich anfingen, sich zu bewegen. Es waren Mäusebabys! Mir wurde schwindelig, das Herz stand still und begann dann zu jagen. Als Leiterin der Gruppe wollte ich mir nicht die Blöße geben und den Raum verlassen. Die Teilnehmerinnen hatten natürlich mitbekommen, dass auf meiner Decke Mäuse gejungt hatten. Aber ich musste den Unterricht jetzt fortführen.

Wenden Sie die Energiefeld-Therapie bei jeder geeigneten Situation an. Je geübter Sie sind, desto leichter wird es Ihnen fallen, die Klopfakupressur auch in Extremsituationen einzusetzen.

Zum Glück erinnerte ich mich sofort an die Energiefeld-Therapie. Ich rieb den »heilenden Punkt« und sagte dabei: »Obwohl ich jetzt panische Angst vor den Mäusen hier habe und am liebsten weglaufen würde, liebe und akzeptiere ich mich so, wie ich bin.« Nach sechsmaligem Reiben wurde ich etwas ruhiger. Die Panik war gewichen, der Angstpegel auf der Stressskala jedoch noch auf 10.

Ich führte einen Klopfdurchgang mit »meine Angst vor Mäusen« durch. Der Pegel fiel auf 4, die Mäuse waren jetzt gefühlsmäßig weiter weg von mir. Ich war in der Lage, die Yogastunde bis zum Ende durchzuführen.

Mit dem Aspekt weiterarbeiten

Zu Hause angekommen, fühlte ich mich regelrecht schwach und völlig erschöpft. Ich begann mit diesem Aspekt: »Obwohl ich mich so erledigt und kaputt fühle, liebe und akzeptiere ich mich so, wie ich

bin, und erkenne an, wie hart die heutige Yoga-Stunde mit den Mäusen für mich war.« Ich rieb dabei den »heilenden Punkt«. Sofort spürte ich die Kraft zurückkehren. Die Erschöpfung war auf der Stressskala nur noch bei 3.

Ich erinnerte mich an die jungen Mäuse auf der Decke und empfand jetzt Ekel. Die Stressskala lag bei 9. Ich rieb den »heilenden Punkt« mit »obwohl ich mich vor den jungen Mäusen geekelt habe« und führte die Klopfakupressur mit »mein Ekel vor den jungen Mäusen« durch – nach vier Durchgängen war der Ekel weg.

Während des letzten Durchgangs stellte sich folgende Erinnerung mit lebhaften Bildern ein: Heuernte. Meine Tante, meine Cousine und ich (etwa neun und zehn Jahre alt) auf dem Heuboden. Durch die Bodenluke reichten die Männer uns das Heu an, das wir verteilen mussten. Wir entdeckten jede Menge Mäuse, freuten uns über sie, versuchten sie zu fangen. Es gab auch Nester mit jungen Mäusen. Meine Tante mochte die Mäuse nicht und schimpfte uns aus. Wir sollten die Mäuse in Ruhe lassen.

Durch die Energiefeld-Therapie lernen Sie, sich Ihren Problem zu stellen – der erste Schritt auf dem Weg zur Lösung.

Ich fragte mich, wieso gerade jetzt diese Erinnerung kam, wusste aber, dass die Begründung unwichtig für die Energiefeld-Therapie ist. Ich nahm diesen neuen Aspekt für den »heilenden Punkt«: »Obwohl ich auf dem Heuboden gerne mit den Mäusen gespielt hätte, liebe und akzeptiere ich mich so, wie ich bin.« Schon beim Reiben spürte ich, dass dieser Satz nicht passte. Auch ein Versuch mit »obwohl ich sauer auf meine Tante bin, weil sie uns nicht mit den Mäusen spielen ließ« brachte mich nicht weiter. Meine Phobie hatte jedoch etwas mit der Situation damals zu tun, das spürte ich. Wir hatten Spaß, und der war uns verdorben worden! Ich probierte: »Obwohl meine Tante meiner Cousine und mir den Spaß mit den Mäusen damals verdorben hat, liebe und akzeptiere ich mich so, wie ich bin.« Beim dritten Reiben des »heilenden Punktes« hatte ich ein Aha-Erlebnis und änderte den Satz: »Obwohl ich traurig war, dass ich arbeiten musste und mir der Spaß verboten wurde« – die Trauer, wenn ich jetzt daran dachte, war immer noch bei 8!

Emotionale Wunden verheilen lassen

Nach einigen Klopfakupressurdurchgängen sank der Stress auf 0, und mir kam die Erkenntnis, dass meine Tante es damals sehr schwer hatte. Sie wollte uns gar nicht den Spaß verderben. Die emotionale Wunde war verheilt, die Blockade im Energiesystem gelöst. Mit dieser Erkenntnis war auch die Angst vor Mäusen verschwunden.

Wenn wir die Vorstellung loslassen, dass alles so weitergehen wird wie bisher, laden uns plötzlich tausend neue Möglichkeiten zu neuem Leben ein.

Prüfungsangst

Jan ist schon zweimal durch die Fahrprüfung gefallen. Die theoretische Prüfung hat er sofort bestanden. Jetzt steht die dritte Fahrprüfung an. Er benötigt den Führerschein beruflich, der Druck, jetzt zu bestehen, ist sehr groß.
Er beginnt mit dem Reiben des »heilenden Punktes« mit »Obwohl ich Angst habe, wieder durch die Prüfung zu fallen, liebe und akzeptiere ich mich so, wie ich bin.« als Information an sein Unterbewusstsein. Dabei verhaspelt er sich ständig und schafft es trotz wiederholter Versuche nicht, den Satz komplett auszusprechen.
Auf meine Nachfrage, was ihn jetzt am meisten stört, kommt nach einiger Zeit die Antwort »meine Aufregung«, die er auf der Stressskala bei 10 einordnet und die er beim Reiben des »heilenden Punk-

tes« als Information an das Unterbewusste schickt. Nach einem Klopfakupressurdurchgang sinkt der Stress auf 8, danach fällt er nicht weiter. Resigniert sagt Jan: »Das ist bei mir immer so, die ganze Klopferei bringt sowieso nichts. Das ändert sich nicht.« Diese Sätze weisen allerdings auf eine Selbstsabotage hin.

Die Psychologische Umkehr wird eingeleitet mit der Information an das Unterbewusstsein und das Reiben des »heilenden Punktes« mit: »Obwohl ich es nicht verdient habe, diese Aufregung zu verlieren, liebe und akzeptiere ich mich voll und ganz.« Die Stressskala liegt zunächst bei 10; nach vier Klopfdurchgängen ist sie auf 0 gesunken und wird mit der Tonleiter gefestigt.

Annäherung an das Problem

Jan ist wesentlich ruhiger geworden. Wenn er jetzt an die Prüfung denkt, taucht folgender Aspekt auf: »Meine Knie sind schwach. Vielleicht kann ich die Pedale gar nicht betätigen.« Der Stresspegel für die schwachen Knie liegt bei 9. Nach drei Klopfdurchgängen sind die Knie stark, das Ergebnis wird mit der Tonleiter gefestigt.

Mit dem Einsatz der Psychologischen Umkehr öffnen Sie das Tor zur Veränderung.

Jan schüttelt den Kopf und setzt sich. Auf Nachfrage sagt er: »Ich höre genau, wie der Prüfer die Nase hochzieht, die Luft so geräuschvoll einzieht, und habe Angst, dass ich schon wieder was falsch gemacht habe.« Er reibt sich den »heilenden Punkt« mit »obwohl ich Angst habe, dass ich schon wieder was falsch gemacht habe«; der Stresspegel liegt bei 8. Der Satz ändert sich während der Klopfakupressur mehrmals:

- »Meine Angst, dass ich schon wieder was falsch gemacht habe, wenn der Prüfer die Nase hochzieht«
- »Meine Angst, wenn der Prüfer die Nase hochzieht«
- »Meine Angst, dass ich Fehler mache und aufgeregt bin, wenn der Prüfer die Nase hochzieht«

- »Meine Angst, dass der Prüfer die Nase hochzieht, wenn ich aufgeregt bin«

Eigentlich hat Jan also Angst, von anderen beurteilt zu werden. Und als nächster Aspekt zeigt sich, dass er Angst hat, seine Angst zu verlieren: »Das ist doch nicht richtig, dass ich keine Angst mehr habe.« Ich frage nach: »Was wäre denn dann richtiger?« Er lacht und sagt: »Die Prüfung zu bestehen!«

Zur Festigung und um jegliche Selbstsabotage auszuschließen, erfolgt die Information an das Unterbewusste: »Auch wenn ich mir erlaube, die Prüfung zu bestehen, liebe und akzeptiere ich mich voll und ganz.« Nach einem Klopfdurchgang mit: »Ich erlaube mir, die Fahrprüfung zu bestehen.« wird das äußerst zufrieden stellende Ergebnis mit der Tonleiter gefestigt. Übrigens: Jan hat die Fahrprüfung fehlerfrei bestanden.

Verzweifeln Sie nicht, wenn bei körperlichen Symptomen keine organischen Ursachen erkennbar sind. Die Energiefeld-Therapie löst die Blockaden, so dass Emotionen und Geist die Veränderung im Körper herbeiführen können.

Wasseransammlung in Armen und Beinen

Gerhard, ein Physiotherapeut, besuchte das Grundseminar und hat in den vergangenen drei Monaten regelmäßig mit der Energiefeld-Therapie bei sich geklopft. Eine seiner bisherigen Erfahrungen war die folgende, von der er zu Beginn des Aufbauseminars berichtet.

Seit fast drei Jahren leidet er an »Wasseransammlungen« in Armen und Beinen. Er ist bei etlichen Ärzten gewesen: Blut, Hormonspiegel, die Schilddrüse – alles war eingehend untersucht worden, ohne positiven Befund.

Die Wasseransammlungen sind äußerlich nicht wahrnehmbar. Er selbst spürt in unregelmäßigen Abständen ein starkes Spannungsgefühl an den Unterseiten der Unterarme und an den Vorderseiten der Oberschenkel bis kurz vor dem Knie. Einmal verspürte er diese Ansammlungen an einigen aufeinander folgenden Tagen, dann auch wieder eine ganze Woche lang gar nicht.

Hinweise von außen

Nach dem Besuch des Grundseminars probiert Gerhard die Energiefeld-Therapie in Bezug auf die Wasseransammlungen aus. An einem Tag, an dem das Spannungsgefühl für ihn auf der Stressskala bei 9 liegt, reibt er den »heilenden Punkt« mit dem Satz: »Obwohl ich Wasseransammlungen in Armen und Beinen habe, liebe und akzeptiere ich mich so, wie ich bin.« Den Klopfdurchgang führt er mit »meine Wasseransammlung« aus. Danach sinkt der Wert auf der Stressskala auf 5, und ein Gefühl der Angst stellt sich ein: »meine Angst vor Wasseransammlung«. Diese bewertet Gerhard mit 10.

Seine Frau ist bei der Anwendung dabei, und ihr fällt auf, dass Gerhard beim Reiben des »heilenden Punktes« zunächst »obwohl ich Angst vor Wasseransammlung habe, liebe und akzeptiere ich mich so, wie ich bin«, beim zweiten und dritten Mal aber nur noch »liebe« sagt und das »akzeptiere« anscheinend vergisst. Sie weist ihn darauf hin. Anschließend gibt Gerhard noch einmal eine Information an sein Unterbewusstes. Er achtet darauf, dass das Wort »akzeptiere« jetzt mit dabei ist. Ihm wird heiß, seine Füße scheinen sich in den Boden zu »brennen«. Er bekommt riesigen Durst und trinkt zwei Flaschen Wasser auf einmal leer.

Dann führt er die Klopfakupressur mit »meine Angst vor Wasseransammlung« durch. Er spürt, dass seine Angst schon nach dem vierten Klopfpunkt verschwunden ist, klopft aber alle Punkte durch und festigte mit der Tonleiter. Seitdem hat sich das Gefühl von Wasseransammlung und Spannung in Armen und Beinen nicht wieder eingestellt.

Selbstvertrauen, Selbstliebe und Selbstakzeptanz sind der Nährboden, auf dem die psychische und physische Gesundheit wächst.

Den richtigen Fokussatz zu finden ist wichtig – und schwer. Im Folgenden finden Sie Beispielvokabular für verschiedene Emotionen und Glaubenssätze.

Anhang

Nützliches zum Nachschlagen

Wenn Ihnen der passende Fokussatz partout nicht einfallen will, finden Sie hier Anregungen und Beispielsätze.

Beispielvokabular für verschiedene Emotionen

Die Technikelemente der Energiefeld-Therapie, d. h. das Klopfen und Verankern, sind in der Regel sehr schnell erlernt. Die größten Schwierigkeiten sind mit dem Finden des passenden Fokussatzes verbunden. Wie bereits erwähnt öffnet aber nur der passende Satz die Tür zu einer positiven Veränderung. Falls Sie also stecken bleiben, finden Sie vielleicht in dem nachfolgenden Beispielvokabular eine Hilfestellung oder Anregung. Bleiben Sie auf jeden Fall hartnäckig und geben Sie nicht vorschnell auf!

Körperliche Aspekte

Bitte ergänzen Sie den Fokussatz mit den folgenden Beispielsätzen:

- »Obwohl ich …, liebe und akzeptiere ich mich so, wie ich bin.«

Probieren Sie auch diese Möglichkeit aus:

- »Obwohl ich …, bin ich trotzdem eine tolle Frau / ein toller Mann!«

Der Fokus könnte folgendermaßen formuliert werden:

- »… diesen Druckschmerz in der linken / rechten Kopfhälfte / Magen / Darm / Nacken / rechten Schulter, Knie etc. habe, …«
- »… diesen schrecklichen / fürchterlichen Schmerz in … habe, …«
- »… diesen stechenden Schmerz im Hinterkopf / Auge / Ohr / Magen / Darm / Nacken habe, …«
- »… diese Kurzatmigkeit, Atemnot / Asthma / Keuchen / Pfeifen habe, …«
- »… schon wieder dieses Sodbrennen / Blähungen / Aufstoßen / verstopfte Nase habe, …«
- »… diesen Pfeifton im rechten / linken Ohr habe, …«
- »… diesen juckenden / blühenden / ekligen / peinlichen Hautausschlag habe, …«

- »... nachts / im Büro / zu den unpassendsten Zeiten diese Hitzewallungen habe, ...«
- »... Hornhautverkrümmung habe, weitsichtig / kurzsichtig bin / schiele, ...«
- »... über meine Unbeweglichkeit entsetzt / verärgert / sauer / wütend / traurig bin, ...«
- »... so / zu oft Migräne habe, ...«
- »... diesen steifen / verspannten Nacken habe, ...«
- »... so genervt von meiner Krankheit (besser: konkret benennen) bin, ...«
- »... nachts aufwache und nicht wieder einschlafen kann, ...«
- »... abends grübele und nicht einschlafen kann, ...«
- »... so unruhig bin / immer mit Händen / Füßen in Bewegung bin, ...«
- »... jede Bewegung für mich eine Qual ist, ...«

Ängste

Beginnen Sie mit »Obwohl ich Angst vor ... habe, liebe und akzeptiere ich mich so, wie ich bin.« Füllen Sie die Lücke mit den Sätzen aus den nachfolgenden Beispielen:

- »... der Angst ...«
- »... meinen Kollegen / Chef / Männern / Frauen ... «
- »... dem Schnauben / bösen Blick / Kopfschütteln von ... «
- »... der ärztlichen Untersuchung / Operation / Narkose ...«
- »... aus der Narkose nicht mehr aufzuwachen / nach der Narkose behindert zu sein ...«
- »... eine Spritze zu bekommen / vor dem Einstich / vor Ansteckung mit AIDS- / Gelbsuchterregern etc. ...«
- »... der Zukunft / Krieg / Krankheit / Schwangerschaft / Hunger ...«
- »... die Kontrolle zu verlieren / abzugeben / aufzugeben ...«

Egal ob Hitzewallung, Migräne oder Fußpilz – benennen Sie das Problem und Ihr dazugehöriges Gefühl so konkret wie möglich.

- »... mich lächerlich zu machen ...«
- »... überfallen zu werden ...«
- »... unfruchtbar / impotent zu sein / zu wenig Leistung beim Sex zu bringen / zu hässlich zu sein ...«
- »... meinen Mann / Frau / Kinder / Eltern / Job / Haus / Hund zu verlieren ...«
- »... für eine schlechte Mutter / schlechten Vater / sexuell hörig gehalten zu werden ...«
- »... erfolgreich / beliebt / geachtet / reich / vermögend zu sein ...«
- »... Nein zu sagen ...«
- »... mich zu verlieben / Sex zu haben ...«
- »... Nähe / Berührung / Zärtlichkeit ...«
- »... mich im Badezeug / unbekleidet zu zeigen / dass andere mich nackt sehen ...«
- »... über eine Brücke zu gehen / fahren / in Flugzeug / Bus / Bahn / Auto zu steigen / Auto zu fahren / im Auto mitzufahren ...«
- »... mich vor vielen Menschen zu zeigen / durch ein Restaurant auf die Toilette zu gehen / die Rede zu halten ...«
- »... vielen Menschen / allein im Dunkeln zu sein / Rolltreppe zu fahren ...«
- »... dass die freitragende Treppe einstürzt / die Hochgarage nicht trägt / im Hotel jemand mit brennender Zigarette einschläft ...«
- »... verletzt / abgelehnt / abgewiesen / zurückgewiesen zu werden / unbeliebt zu sein ...«
- »... Hochzeit / Schwangerschaft / Geburt / Entbindung / zu sterben / unheilbar krank zu sein ...«
- »... auf die Hauptschule / Realschule / Gymnasium zu kommen / nicht zu kommen ...«
- »... von meinen Freunden getrennt zu werden ...«

Seien Sie ehrlich zu sich selbst und gehen Sie Ihrem Problem auf den Grund: Haben Sie Angst, Nein zu sagen oder haben Sie Angst, abgelehnt zu werden, wenn Sie Nein sagen?

- »... Körpergeruch zu haben / zu stinken / nach ... zu riechen ...«
- »... meinen Körpergeruch nicht zu bemerken ...«
- »... übersehen / übergangen zu werden ...«
- »... dass es im Chor / Verein nicht weitergeht, wenn ich die Leitung abgebe ...«
- »... wie andere das auffassen / beurteilen / bewerten, wenn ich Nein sage / etwas ablehne ...«
- »... andere zu enttäuschen ...«
- »... meinem Mann / Kindern / Eltern / Geschwistern gegenüber konsequent zu sein ...«
- »... dass Querelen / Auseinandersetzungen meinen neuen Weg begleiten werden ...«
- »... Fisch zu essen und an einer Gräte zu ersticken ...«
- »... niemals pünktlich / zuverlässig zu sein ...«
- »... im Gedränge erstickt / zerquetscht / ausgeraubt zu werden ...«
- »... Schmutz / Dreck / Unrat / Müll ...«
- »... Verantwortung ...«
- »... Computern / neuen Medien / neuer Technik / Elektrizität / Strahlung / Mobilfunktürmen / Kernkraftwerken ...«
- »... Freitag, dem 13. ...«
- »... Männern mit Bärten / Frauen mit Warzen ...«
- »... ungerechter Bestrafung ...«
- »... schlechte Erbanlagen zu haben / ungesund zu sein / eine unentdeckte Krankheit in mir zu tragen ...«
- »... dass sich böse Weissagungen erfüllen, weil ich zwischen Weihnachten und Neujahr Wäsche gewaschen habe / gelogen habe ...«
- »... ausgenutzt zu werden ...«
- »... Zauberei / Voodoo / bösen Geistern / Hexen / Teufeln ...«
- »... Donner / Blitz / Hagel / Überschwemmungen ...«

Am Freitag, dem 13., trauen Sie sich nicht aus dem Haus? Einige Ängste beruhen auf Mythen, Aberglauben und ähnlichen Überlieferungen. Suchen Sie auch in diesen Bereichen.

Auch wenn er Ihnen zunächst völlig absurd erscheint: Nehmen Sie jeden neuen Aspekt ernst, der bei der Behandlung auftritt. Es könnte ein wichtiger Glaubenssatz dahinter stecken.

Negative Glaubenssätze umwandeln

Negative Glaubenssätze entstehen aufgrund nicht verarbeiteter verbaler oder nicht-verbaler Botschaften. Der Ursprung ist in der Regel unbekannt. In den meisten Fällen tritt er während der Behandlung mit der Energiefeld-Therapie als neuer Aspekt hervor. Zu erkennen ist dieser neue Aspekt an Gedanken oder scheinbaren Versprechern. Arbeiten Sie dann mit dem neuen Aspekt weiter, auch wenn er Ihnen zunächst völlig absurd erscheint.

Sie beginnen beispielsweise mit: »Obwohl ich mich für meine Sexualität schäme, liebe und akzeptiere ich mich voll und ganz.« und arbeiten zunächst mit »Ich schäme mich für meine Sexualität.« Während der Klopfakupressur kommt ein neuer Aspekt hinzu, der Gedanke: Ich schäme mich für meine Brust. Führen Sie mit diesem neuen Aspekt einen weiteren Durchgang der Energiefeld-Therapie durch: »Obwohl ich Scham wegen meiner Brust empfinde, liebe und akzeptiere ich mich voll und ganz.« Das Schamgefühl sinkt, dafür kommt jedoch eine Erinnerung hoch: Als Pubertierende trug die betroffene Frau einen gepolsterten BH; der Vater zwang sie, den BH abzulegen, mit den Worten: »Man zeigt seine Weiblichkeit nicht, du bist doch keine Hure!« Dies ist ein Aspekt für den Persönlichen Friedensprozess.

Beispielvokabular für Glaubenssätze

Beginnen Sie mit »Obwohl ich … liebe und akzeptiere ich mich voll und ganz / bin ich trotzdem eine tolle Frau / ein toller Mann.« Füllen Sie die Lücke mit den Sätzen aus den nachfolgenden Beispielen:

- »… glaube, andere können alles besser als ich …«
- »… in jedes ›Fettnäpfchen‹ trete …«
- »… immer gut gelaunt / stark sein muss …«

- »... so unordentlich / zu ordentlich / zu launisch / zu nachgiebig / geizig bin ...«
- »... mich vor Neuem / Neuerungen / Veränderungen / Entscheidungen drücke ...«
- »... es nicht verdient habe, geliebt zu werden ...«
- »... so langsam / zu langsam / zu ungeduldig / so schüchtern / zu hektisch / nervös / immer gleich gereizt / zappelig bin ...«
- »... misstrauisch bin, wenn jemand etwas Nettes über mich sagt / mir helfen will / mich etwas fragt ...«
- »... glaube, zu dumm für diese Arbeit / die Gespräche mit XY zu sein ...«
- »... so vergesslich bin / Konzentrationsschwächen habe ...«
- »... ständig zu spät komme / in Zeitnot bin ...«
- »... mich ungerecht behandelt / unverstanden fühle ...«
- »... mich immer kleiner mache als ich bin / mein Licht unter den Scheffel stelle ...«
- »... mich / meinen Busen / meinen Po / meinen Penis / meine Nase zu klein / zu groß / zu dick / zu dünn / einfach nur hässlich finde ...«
- »... meinen Körper ablehne / hasse / unter weiter Kleidung verstecke / zur Schau stelle ...«

Abhängigkeiten / Liebe

Beginnen Sie mit »Obwohl ich ..., liebe und akzeptiere ich mich so, wie ich bin.« Füllen Sie die Lücke mit den Sätzen aus den nachfolgenden Beispielen:

- »... so eifersüchtig bin, wenn ...«
- »... mich von ... zurückgewiesen / ungeliebt / lächerlich gemacht / veralbert fühle ...«

Unser Selbstbild ist oft fremdbestimmt. Überprüfen Sie bei Ihren Glaubenssätzen, ob Sie sich selbst so sehen oder ob es sich um eine Beurteilung Ihrer Mitmenschen handelt.

- »... mich für ... verantwortlich fühle ...«
- »... andere mehr liebe als mich selbst ...«
- »... keine Lust habe auf ...«
- »... mich beim Sex nie / nicht fallen lasse / ganz hingebe / den Orgasmus nur vortäusche ...«
- »... meiner Frau / Mann / Mutter / Vater / Kindern keinen Wunsch abschlagen kann ...«
- »... so eine Gier nach Süßigkeiten / Alkohol / Zigaretten ...«
- »... durch meine Spielsucht meine Familie ins Unglück stürze ...«
- »... vom Surfen im Internet besessen bin ...«

Ärger, Hass, Trauer, Wut, Scham, Klagen und belastende Erinnerungen

Beginnen Sie mit »Obwohl ich ..., liebe und akzeptiere ich mich so, wie ich bin.« Füllen Sie die Lücke mit den Sätzen aus den nachfolgenden Beispielen:

- »... mich über mich selbst ärgere ...«
- »... mich über XY ärgere ...«
- »... jetzt den Ärger mit XY habe, weil ...«
- »... von XY geärgert / gemobbt / gehänselt werde ...«
- »... so enttäuscht bin, dass ...«
- »... mich so einsam / alleine / hilflos fühle, weil ...«
- »... so traurig / hoffnungslos / kraftlos / unglücklich bin ...«
- »... so viel Kummer habe mit ...«
- »... mir die Wut auf XY nicht gestatte / meine Wut auf ... unterdrücke ...«
- »... so eine starke Wut / starken / totalen / enormen / abgrundtiefen Hass auf ... habe, weil ...«

Richten Sie sich nicht in einer allgemeinen Wehleidigkeit ein, sondern versuchen Sie, Ihre Gefühle so konkret wie möglich zu benennen.

- »... am liebsten gar nicht mehr leben möchte / morgens gar nicht aufstehen möchte ...«
- »... die Schwere des Lebens förmlich anziehe ...«
- »... mich heute noch schäme, weil ich XY angelogen habe / nicht auf XY gehört habe / die Äpfel / den Lippenstift / den Alkohol geklaut habe / die Eltern gegeneinander ausgespielt habe / mein Kind angeschrieen / geschlagen habe ...«
- »... im Park überfallen wurde / vom Fahrrad gestoßen wurde / von XY sexuell missbraucht wurde / dem Messerstecher ins Gesicht gesehen habe / den Überfall mit ansehen musste / Tatzeuge war ...«
- »... von Schulkameraden / Mutter / Opa / Lehrer verprügelt wurde ...«
- »... im Sportunterricht immer gehänselt wurde ...«
- »... ein schlechtes Gewissen habe, wenn ich nicht das tue, was andere von mir erwarten ...«
- »... mich klein und hilflos fühle, wenn ich Fehler zugebe bei meiner Familie / Freunden / Arbeitgeber ...«
- »... traurig bin, weil ich mich mein ganzes Leben ungeliebt / unverstanden / zu kurz gekommen gefühlt habe ...«
- »... mich innerlich zu kurz gekommen fühle und deswegen Unmengen Essen in mich hineinstopfe ...«
- »... ich mir so schäbig vorkomme, weil ich nicht mehr leben will / den Haushalt nicht mehr alleine machen will / allein in Urlaub fahren will / nicht berufstätig sein will / wieder berufstätig sein will ...«
- »... so eine Wut / einen Hass auf mein Immunsystem habe ...«
- »... so verzweifelt bin, dass mein Kind / Mann / Schwester sich das Leben nehmen wollte / genommen hat / mich bat, ihm / ihr beim Sterben zu helfen ...«

Nehmen Sie etwas Abstand vom Alltag, beispielsweise in einem Ruheraum oder auf einem Spaziergang, um an die Gefühle heranzukommen, die Sie bisher verdrängt haben. Einmal ausgesprochen, wird die Last von Ihren Schultern fallen.

Literatur

Benesch, Horst: *Klopf dich gesund*. Kösel Verlag, München 2005

Callahan, Roger J.: *Leben ohne Phobie*. VAK Verlag, Kirchzarten 1999

Callahan, Roger J.: *Der unwiderstehliche Drang*. VAK Verlag, Kirchzarten 2003

Craig, Gary: *Manual*. In englischer Sprache kostenlos unter www.emofree.com
In deutscher Übersetzung bei Robert Rother zu beziehen unter www.eft-info.com
Übersetzungen von Tutorials und anderen Artikeln von Gary Craig in deutscher Sprache auf der Homepage von Sybille Horn unter www.eft-online.com.

Craig, Gary; Feinstein, David; Eden, Donna: *The Promise of Energy Psychology – Revolutionary Tools for Dramatic Personal Change*.

Diamond, John: *Die heilende Kraft der Emotionen*. VAK Verlag, Kirchzarten 2001

Doose, Jürgen: *EFT Emotional Freedom Techniques*. Nymphenburger Verlag, München 2004

Gallo, Fred P.: *Energetische Psychologie*. VAK Verlag, Kirchzarten 2000

Gallo, Fred P., Vincenci, Harry: *Gelöst, entlastet, befreit*. VAK-Verlag, Kirchzarten 2004

Hartmann, Silvia: *Emotionale Freiheit*. VAK Verlag, Kirchzarten 2002

Hempen, Dr. med. Carl-Hermann: *Taschenatlas Akupunktur*. Thieme Verlag, Stuttgart 1995

Kaufmann, Dr. Rudolf A.: *Ängste, Phobien und andere unnötige Lasten*. Asanger Verlag, Heidelberg 2002

Lambrou, Peter; Pratt, George: *Emotionales Selbstmanagement*. Beust Verlag, München 2000

Moore-Hafter, Betty: *Entdecken Sie Ihre erstaunlichen Fähigkeiten mit EFT*. Zu bestellen unter www.eft-info.com

Schmidt, Peter: *Die Kraft der positiven Gefühle*. DTV, München 2001

Wagner, Ramona: *EFT – Emotionale Freiheit*. Omega Verlag, Aachen 2003

Wirksamkeitsstudien:

Figley C. R., Carbonell, J. L.: »The Active Ingredients Project: The systematic clinical demonstration of the most efficient treatments of PTSD, a research plan«. Tallahassee, Fl. Florida State University Psychosocial Stress Research Program and Clinical Laboratory (1995). Reported in F. P. Gallo, *Energy Psychology,* 18–25. CRC Press, New York 1998

Swingle, P.; Pulos, I.; Swingle, M.: »Effects of a meridian-based therapy, EFT, on Symptoms of PTSD in auto accident-victims«. Paper presented at the annual meeting of the Association for Comprehensive Energy Psychology, Las Vegas, NV (Mai 2000)

Wells, S.; Polglase, K.; Andrews, H.; Carrington, P.; Baker, A. H.: »Evaluation of a Meridian-Based Intervention, Emotional Freedom Techniques (EFT), for Reducing Specific Phobias of Small Animals«. *Journal of Clinical Psychology,* 59 (9) 2003, 943–966

Homepages

Gary Craig: www.emofree.com

EFT-Netzwerk International: www.eft-netzwerk.de

Christel Preuß: www.christelpreuss.de und www.energiefeld-therapie.de

Gerald Stiehler: www.diplompsychologen.info/eft

Robert Rother: www.eft-info.com

Maya deVries: www.emofree.de

Auf allen angegeben Seiten finden Sie weitere Links zu EFT-Homepages.

Energiefeld-Therapie Lehr-CDs / DVDs von Gary Craig

Zu bestellen über www.eft-info.com. Die Materialien sind in englischer Sprache, ein deutschsprachiges Handbuch kann zusätzlich bestellt werden.

Impressum

Redaktion:
Dr. Ulrike Kretschmer, München
Projektleitung:
Karin Stuhldreier
Gesamtproducing:
Dr. Alex Klubertanz, München
Bildredaktion:
Tanja Nerger
Umschlag:
R. M. E. Eschlbeck / Kreuzer / Botzenhardt
Layout:
Christian M. Weiß, München
Illustrationen:
Jan-Dirk Hansen, München
Druck und Bindung:
Alcione, Trento

Printed in Italy

ISBN-10: 3-517-6984-1
ISBN-13: 978-3-517-6984-5
817 2635 4453 6271

Danksagung

Ich bedanke mich bei allen, die mich in unterschiedlichster Form unterstützt haben. Alle namentlich zu erwähnen, würde Seiten füllen. Ich danke meinen Klienten und Kursteilnehmern, dass sie mir und der Energiefeld-Therapie ihr Vertrauen schenken. Hervorheben möchte ich Gary Craig, durch den ich über die aktuelle Entwicklung per Newsletter informiert wurde. Herrn Dr. Rudolf Kaufmann möchte ich danken, dass er mich so gründlich ausgebildet hat, meinen Söhnen Florian und Simon, meiner Freundin Monika und meinem Freund Gerald für korrigierende Hinweise. Und last but not least möchte ich meinem Sohn Steffen für die Aufmunterung durch flotte Sprüche während der Schreibarbeit danken.

Über die Autorin

Christel Preuß, Jahrgang 1952, ist Heilpraktikerin für Psychotherapie mit dem Schwerpunkt EFT und Systemische Familienberatung mit eigener Praxis in Grasberg bei Bremen. Sie ist Mitbegründerin des internationalen EFT-Netzwerkes E. N. I. Seit 2002 führt sie als Trainerin Kurse und Seminare für EFT durch.

Hinweis für unsere Leser

Die Informationen in diesem Buch sind von der Autorin und dem Verlag sorgfältig erwogen und geprüft, dennoch kann eine Garantie nicht übernommen werden. Eine Haftung der Autorin bzw. des Verlags und seiner Beauftragten für Personen-, Sach- und Vermögensschäden ist ausgeschlossen.

Bildnachweis

Alle Bilder stammen von Nicolas Olonetzky (c/o bascha kicki-photographers), München, mit Ausnahme von:
Corbis, Düsseldorf: 110 (Michael Prince); Gettyimages, München: 11 (Martin Barraud/Image Bank), 19 (Uwe Krejci/Stone), 21 (Roy Mehta/Photonica), 24 (Julia Kuskin/Photonica), 31 (Daniel Furon/Photonica), 33 (Tom Kola/Stock Image), 74 (Christoph Burki/Stone), 77 (Steven Weinberg/Stone), 86 (David Papazian/Beateworks), 95 (Garry Wade/Stone), 99 (Henrik Sorensen/Photonica), 107 (Claudia Kunin), 117 (Paul Dance/Stone), 129 (Blasius Erlinger/Stone), 132 (Kate Powers/Taxi), 139 (Leslie Williamson/Stone), 145 (Masao Mukai/Amana Images); Mauritius-Bildagentur, Mittenwald: 85 (Simon Katzer); Photodisc: 37 (Anthony Harvie/Gettyimages); Südwest Verlag, München: 15 (Roger Rausch), Umschlagklappen, 39 (Jan-Dirk Hansen)